理系に学ぶ。

川村元気

養老孟司
川上量生
佐藤雅彦
宮本 茂
真鍋大度
松尾 豊
出雲 充
天野 篤
高橋智隆
西内 啓
舛田 淳
中村勇吾
若田光一
村山 斉
伊藤穰一

ダイヤモンド社

理系に学ぶ。

まえがき

数学や物理が苦手だった。化学や生物も嫌いだった。
理系コンプレックスを克服することなく、逃げるように私立文系大学に進んだ。
そしていま僕は、映画を作り、小説を書いている。生粋の文系男だ。
オトナになって正直ホッとしていた。
「もう理系と関係なく生きていける」
とうとう僕は理系から自由になったのだ。

けれどもある日、僕は気づいてしまった。
スティーブ・ジョブズ、ビル・ゲイツ、マーク・ザッカーバーグ。
いま世界を決定的に変えているのは理系人たちだ。
そして未来を変えるのもきっと彼らだ。

「逃げおおせたはずの理系に、また捕まってしまった」

そんな気がしていた。

真実を知りたい、状況を変えたい、新しいものを生み出したい。

もし僕が、そう願うのならば「理系に学ぶ」ことから逃げてはいけないと思った。


この本は、理系コンプレックスを抱える文系男が、2年間にわたり理系のトップランナーたちと対話し続け、目から鱗を何枚も落としながら、視界を大きく開かせていった記録だ。


僕は2年間にわたり、理系人たちに訊ね続けた。

これから世界はどう変わるのか？　日本はどう変わるのか？

人間はどう変わるのか？　何が必要とされ、何が不必要になるのか？

その先に、どんな未来が待っているのか？


当初、僕は「理系と文系の違い」を知ろうとしていた。

文系にあって、理系にないもの。理系にあって、文系にないもの。

その違いから、それぞれの「役割」を導きだそうとしていた。


けれども、僕は途中から気づき始めた。

「理系と文系は、同じ山を違う道から登っているだけだ」ということに。


人間は何を美しいと思うのか？

どうしたら幸せになれるのか？


文系が政治や経済、言葉や文章によって登っている「山」。

同じ「山」に、理系は数学や工学、医学や生物学によって登ろうとしていた。


そして彼らが見つけた「道」は予想をはるかに超えて、創造性と示唆に富んでいた。

彼らと話すたびに、新しい視点が生まれ、視界が広がった。

自分がこれからやるべきこと、世界がこれから向かうべき道が見えてきた。

そして同じように理系も、同じ山の頂上を目指す仲間として、文系を必要としていることがわかってきた。

人間は何を美しいと思うのか？
どうしたら幸せになれるのか？

その答えは山の頂上にある。
すでにその頂きでは、理系と文系の融合が始まっている。
未来のスティーブ・ジョブズが、そこから確実に生まれる。
世界中が夢中になるプロダクツが、人間を幸せにするアイデアが、そこから生まれる。

僕もいつか、その答え合わせに参加したいと思った。
この本を読み「理系に学ぶ」楽しさを知った仲間が、ひとりでも多く山の頂上に集うことを願っている。

目次

まえがき　2

理系001
養老孟司　解剖学者／作家／昆虫研究家　11
「世の中のことは20%くらいは違っているかもしれない」
昆虫採集をこよなく愛する解剖学者は、
生物としての人間の能力で信じるべきものを、自分で見いだす。

理系002
川上量生　カドカワ 代表取締役社長／ドワンゴ 代表取締役会長　29
「不戦勝が一番いい勝ち方」「優柔不断こそ賢さの象徴」
ＩＴとコンテンツ業界を牽引する「ニコニコ動画」の生みの親は、
「人間」の本質を探り当てる。

理系003
佐藤雅彦　東京藝術大学大学院 映像研究科教授　51
『ポリンキー』『バザールでござーる』
独自の「ルール」と「トーン」で傑作ＣＭを生みだし、
再現可能な方程式にこだわりながら作り方を作る。

理系 004
宮本 茂　任天堂 専務取締役 クリエイティブフェロー　73
『スーパーマリオ』『ゼルダの伝説』
数々の傑作で世界を熱狂させてきたゲームプロデューサーは、
文系と理系を交錯させながら気持ちのいいゲームを目指す。

理系 005
真鍋大度　メディアアーティスト　95
世界的なメディアアーティストは、プログラマーでアーティストでハッカー。
実験とプログラミングの無限のトライ・アンド・エラーの先に、
驚愕の「精度」と「表現」が生まれる。

理系 006
松尾 豊　東京大学大学院准教授 人工知能研究者　115
「ディープラーニング」を駆使する人工知能のトップランナーは、
製造業や農業などオフラインの世界での
人工知能の活用で世界に挑む。

理系 007
出雲 充　ユーグレナ 代表取締役社長　135
「世界の栄養不足を救う!」から始まったミドリムシの研究は、
世界初の屋外大量培養に成功。
日本固有の発酵食文化の最前線として未来の燃料も視野に入れる。

理系 008

天野 篤　順天堂大学 心臓血管外科 教授　155

通算７０００例の執刀で成功率98%、
年間４００例の執刀をこなす勝負師気質のゴッドハンドは、
あらゆるパターンの手術の記憶から状況を切り抜ける方法を導き出す。

理系 009

高橋智隆　ロボットクリエイター　179

『鉄腕アトム』に憧れて、
コミュニケーションロボットをたった一人で作り続けるクリエイターは、
スマホの役割をヒト型ロボットが担う近未来社会を思い描く。

理系 010

西内 啓　統計家　199

「統計学は最強の学問」
日本初の統計家は誰もがデータを当たり前に活用して、
不確実な時代に最適な選択をするため統計学の有用性を唱える。

理系 011

舛田 淳　ＬＩＮＥ 取締役 ＣＳＭＯ　219

月間利用者2億人を誇るＬＩＮＥにおいて
サイエンスとアートを束ねるプランナーは、
「朝礼暮改、上等」を合言葉にノリのいい理系集団とともに世界に向かう。

理系012
中村勇吾　インターフェースデザイナー　241
「コンピュータは間違えない」
「物語」ではなく「様相」にこだわるインターフェースデザイナーは、
時計のように「ずっと見ていられるものづくり」でメディア表現の可能性を切り開く。

理系013
若田光一　JAXA宇宙飛行士　261
宇宙滞在期間は累計347日。
日本人初のISSコマンダーを務めた「思いやり」の宇宙飛行士は、
最新の科学技術と向き合いつつリーダーシップのあり方を説く。

理系014
村山斉　理論物理学者　281
物理学と数学が天文学とコラボする研究機構を率いる理論物理学者は、
暗黒物質や暗黒エネルギーの正体を探りながら、
宇宙の1兆年先に思いを馳せる。

理系015
伊藤穰一　マサチューセッツ工科大学 メディアラボ所長　301
日本人初のMITメディアラボ所長は、
世界最高峰の天才が集まる〝理系ジャングル〟のど真ん中で、
理系と文系をミックスするDJとしてサイエンスのデザインを追求する。

理系001

解剖学者／作家／昆虫研究家

養 老 孟 司

「世の中のことは20％くらいは
違っているかもしれない」
昆虫採集をこよなく愛する解剖学者は、
生物としての人間の能力で
信じるべきものを、自分で見いだす。

解剖学者／作家／昆虫研究家

養老孟司

TAKESHI YOUROU

1937年神奈川県生まれ。62年東京大学医学部卒業後、解剖学教室に入る。95年同大学教授を退官し、現在、東京大学名誉教授。著書に『唯脳論』（ちくま学芸文庫）、400万部を突破した『バカの壁』『死の壁』（いずれも新潮新書）、『身体巡礼』（新潮社）など。ほか専門の解剖学、科学哲学から社会時評まで多数。

©Hal Kuzuya

なぜ〝言葉〟を信用していないのですか？

川村　この箱根の別宅は、昆虫採集と標本保管のために建てられたんですか？

養老　はい。箱根は虫だけでなく植物の種類も多いし、数カ月に1回はマレーシアやボルネオとか海外にも昆虫採集に行くんで、あちこちに保管していた標本もやっと、ここ一カ所に集めることができました。

川村　実は僕も小さい頃はよく虫捕りをしていたんです。親の教育方針だったのか、幼稚園にも保育園にも行ってなくてほっぽり出されていたので、それぐらいしかやることがなくて、草むらで虫を追いかけていたのが最初の記憶です。ちなみに、養老さんは、今はここで虫を捕って解剖しているわけですが、そもそも東大の医学部で人間の解剖を専門にされていたんですよね。

養老　そういうのって、後にならないとなかなかわからないものだけど、当時は「患者さんを診るより、解剖をやるのが落ち着くから」っていう理由でした。だって患者さんっていつ死ぬかわからないし、いやだったのは何かを少しでも間違えると、当たり前ですがすぐ死ぬんです。でも、一度死んだ人なら、二度死ぬことはない（笑）。

川村　おっしゃる通りです（笑）。

養老　でも、後になって思ったのは、僕らは終戦を通っているんです。戦時中は母親の田舎に疎開していたんですけど、昭和20年の8月15日、小学校2年生のときに「日本は戦争に負けたらしいよ」って言われて、びっくりというかがっくりというか、力が抜けるっていうかね。だって、それまでは隣近所含めて周りにいる大人や、ラジオも新聞も全部が無敵皇軍で負けるはずがないと言っていたのに、「今までの常識は何だったんだろう」っていう。

川村　ガラガラポンってやつですね。

養老　そう。そうすると人間どういう心境になるかというと、メディアとか人の言うこととか、今ならネットの意見とか、一切信用できなくなるんですよ。だから、解剖がよかった理由も、ホルマリンに保存してあるのを1日の解剖を終えて乾かないように覆って、次の日に行って開けてみると、当然、昨日やったところまでしか進んでいないわけです。つまり、やったことの結果が全部自分のせい。もう少し別の言い方をすると、人間は何か信用できるものが必要じゃないですか。

川村　そうですね。

養老　信用できることを突き詰めていったとき、僕の場合は一人でできる解剖が答えだったのと、そういう意味では虫も同じなんです。嘘をつかないでしょ。他に戦後のものづくりなんかも大勢の理系の人が一生懸命トンネルを掘ったり、計算機を作ったりしたけど、あれも嘘をつかない。要は、言葉を信用してないんです。

北里柴三郎や野口英世は、なぜ出てきたのか？

川村　今のお話で、養老さんが徹底して言葉より身体を信用してきた理由がわかりました。

養老　東大病院時代も、昔は他のお医者さんが見放した患者さんが最後にすがって死にに来るみたいなところもあったので、稀に治る人がいて偉い先生のところに本人や家族が「おかげさまで助かりました」とお礼に来る。でも僕は「今度は治ったけど、どうせまた別の病気になって、いずれ死にますよ」と言いたくなっちゃう。

川村　それを言ってしまったら、確かに臨床はできないですね（苦笑）。

養老　ただ、僕みたいな考えの人はほとんどいないと思っていたんだけど、他にも同じ人種がいたことに気づいて、明治維新を子どものときに経験した人たちにも共通のものを感じます。３００年も続いた江戸時代のルールが１日にしてひっくり返ったときに子どもだった人たちは、やっぱりある種のショックを受けた。

川村　それでいったい何が正しいか、何を信じたらいいんだとなった。

養老　結果、北里柴三郎とか野口英世とか、明治時代は大勢の科学者が出ているんですよ。しかも、彼らは当時、急激に発展していた19世紀のヨーロッパの科学者とほぼ肩を並べてやっていて、今よりずっと国際派だったんじゃないですかね。

川村　明治維新や第二次世界大戦後に、それまでの理屈やルールが一瞬で崩れた瞬間を子どもの頃に体験した人たち特有の人生哲学があるということですね。

養老　それなのに、今の世の中はルールをけっこう信じているから、困りますね。酒を飲んで車を運転するなとか。もしかしたら酒を飲んで運転した方が、上手な人がいるかもわからない。どうしてそういうことを確かめないのかなと思います。

川村　養老さんはどの著書を読んでも「今ある文脈化されたもの、自分の脳が考えていることさえ絶えず疑え」とおっしゃっていて、はっとさせられます。

養老　「世の中のことは20％くらいは違っているかもしれない」と疑ってないと、えらいことになりますよ。

川村　ＳＦ映画の世界は養老さん的というか、『マトリックス』のように、「今いる世界は虚構である」ということが比較的表現されているように思います。絵画でもエッシャーやマグリットの絵を見ていると、脳が壊れた瞬間に見えているものを描いている気がしますね。

養老　しかも、面白いのはそういうときって一瞬にして世界が変わるんです。例えば急性に統合失調症が発生すると、歩いている人が人形に見えて…とよく言います。

川村　まさにＳＦ映画ですね。

養老　でも僕はそれ、なんとなくわかるというか、57歳で東大の教授を辞めたときに本当に世界が変わって、突然目の前が明るいんだもん。びっくりしたよ、もう（笑）。

「メンデルの法則」は嘘だった？

養老　疑うという話で言うと、「科学上の発見は全部嘘だった」という本がありますよ。いちばん有名なのは19世紀に活躍した植物学者メンデルの論文に対して、ロナルド・フィッシャーというイギリスの統計学者が有名な仕事をしたんだけど。

川村　中学校の理科で習う「メンデルの法則」ですよね。エンドウの交配実験で、生物の性質はどのように遺伝するのかを実証したという。

養老　そう。ロナルド・フィッシャーは、メンデルの仮説が正しかったとして、彼が発表した結果が得られる確率を計算した。どうなったと思います？「あり得ない」という結論になった。

川村　それ、本当ですか？

養老　データが合いすぎていて、つまり、データをいじったに違いないという結論。

川村　数年前に似たような疑惑のニュースが世間を騒がせたような…。

養老　そう、小保方晴子さんね（笑）。要するに結果的に当たっていても、基本的には全部まぐれなのかもしれないということです。それを人間がいわゆる物語にしているだけであって。

川村　メンデルの話は、今となってはもう、データをいじったのかどうかを確認する方法がないですね。

養老　メンデルは修道院の院長もしていて、寺男を使っていたので、もしかするとそいつらが、院長の顔色をうかがいながら数をごまかしたのかもしれないし。

川村　確かに僕たちは、自分の理解の範疇を超えたものが現れると、その理由を言葉や物語にしたがるところがあると思います。僕なんかもまさに物語を作るのが仕事ですが、不思議な出来事があると気になって、延々と掘ってしまうところがあって。ちなみに養老さんは人間を解剖して掘っていくうちに、何かが見えたりする瞬間があったりしましたか？

養老　昔、電子顕微鏡を見ながら暗室にこもっていて、終わって外に出たら、雲がみんな細胞に見えたことがありました。暗い場所で明るいものをずっと見るってものすごい集中状態で、だから、ものの見方が変わってしまうんでしょうね。東日本大震災の後の計画停電のときも、箱根でヘッドランプを付けて虫をいじってましたけど、やけに落ち着くものがありました。昔の人は手作業が得意だって言いますけど、よくわかるというか、今は世界が明るすぎるんですよ。だから、気が散って集中できない。

日本人と西洋人の決定的な違いとは？

川村　僕も子どもの頃によく虫捕りをしていると、いつの間にか自分が草むらに溶け込んで一体化するように感じる瞬間がありました。そうすると虫のいるところが感覚的にわかったりして、子どもながらに、自分が自分でなくなっちゃうのが気持ちよかったりしましたね。

養老　僕もしょっちゅう虫になっているんだと思います。ただ、そういうタイプって日本に多いと思うんですよ。西洋人は割合、そうなりにくい。

川村　それはどうしてですか？

養老　僕はよく「日本人は社会の中で他者性が強い」って言うんだけど、西洋は言語を見ても、ルネッサンス以降は必ず主語が入るようになって、「I am a boy」っていう表現も、ａｍの前にはＩしかこないのに、彼らは絶対に省略しないんです。

川村　なるほど。

養老　でも、ルネッサンス以前に盛んだったラテン語は、動詞が全部変化して、強調するとき以外は人称代名詞が要らなかった。デカルトの「我、思う」も「ｃｏｇｉｔｏ」の一語です。つまり、「Ｉ」を省略できない現代の西洋人は、常に行動の主体というのが存在すると思っている。

川村　自分らしさを大事にするってやつですね。

養老　そうです。アメリカのテレビなんかを見ていても、３、４歳くらいの子が誕生日に白木の小さな車みたいなのをもらって喜んでるんだけど、周りの大人はしきりに

「車の色を決めるのは、お前なんだよ」と言っている。それは「決定するのはあなたですよ」という主体をメタメッセージとして伝えているわけで、相手を尊重すると言うと聞こえがいいんだけど、要するに主体を置くと物語が構成しやすいんですよ。

川村 確かにそうですね。

養老 戦争責任でも、ドイツ人だったら「ヒトラーが悪い」で済む。だけど、日本人はそれができない。主体がないからその場の空気、状況依存で決めるわけです。

川村 西洋を基準にすると日本人は主体性とか自分らしさとかいうオリジナリティがなくて、それが悪いってことになっているような気がしますが、日本人の特徴はそれこそ虫を捕ったりしながら、自分を積極的に何かに溶け込ませようってことだったりするんでしょうね。

養老さんの思う「個性」とは何ですか？

川村 オリジナリティという言葉の危うさは、僕はそれこそストーリーテリングやエンタテインメントの観点で、ずっと感じてきました。例えば落語にしても歌舞伎にしても、師匠の真似をするところから始まっていますよね。

養老　その上でどうしても真似できない部分が、弟子のオリジナリティなんですよ。

川村　小津安二郎監督の『東京物語』を『東京家族』という映画としてリメイクした山田洋次監督が「カット割りから芝居までそっくりに撮っても、どうしても違う映画になってしまった」と言っていました。そういう方法が個性の見つけ方としては正しくて、ゼロベースでオリジナリティを自分の中に見つけるというやり方は怪しいと思います。

養老　個性がないとか状況に流されるとかがネガティブだとされていますけど、翻るとこれ以上の自由はないと思いますよ。だって、西洋のルールで戦ったところで水に合わないし、流しておけばいいんです。オリンピックとかが顕著じゃないですか。日本人が勝ち始めた競技は、あっちが必ずルールを変えてくるでしょ？

川村　ただ、学問とか教育は主体性を持って明文化したり、ルールを設けることで成立していることがほとんどで、解剖学をされていたとき、養老さんの中で自己矛盾みたいなことは起きたりはしなかったですか？

養老　しょっちゅう起こっていたでしょうね。それが仕事みたいなものですし、近代の理系研究をやろうとしても、いろいろな問題が起こってくるわけです。研究費をどうするか…から始まってね。それこそ小保方さんなんていうのは、そういう問題がない時代の人ですよ。お金は十分あるから何をするかという話になって、となると業績を上げなきゃいけなくて、ああいうふうになる。まぁ、つんのめるというかね。僕らが現役のときはお金がなかったから、あんなことは起こりようがなかった。

文系は理系に騙されている?

川村　でも、多くの人は文系的に物事を考えていて、だからこそ理系サイドから「科学的な実証データがあるから正しい」と言われると、すぐ信じてしまう。そのデータを誰も検証していないにもかかわらず、です。

養老　データの検証という点では、1996年にイギリスの研究所が世界で初めてのクローン羊「ドリー」を作りましたけど、あれは1000回目でやっと成功したんです。でも、999回はなぜだめだったのかは、一切証明しないんですよ。生物科学というのは昔から特殊領域で、「成功さえすればいい」みたいなところがある。株で儲かったとかに近い話でもあって、科学じゃないんです。

川村　だとしたら、何を信じたらいいんですか？

養老　だから、何を信じられるかってことは、自分で見つけるしかないんですよ。最初の話に戻りますけど、僕の場合はそれが解剖であり、昆虫採集なんです。無意識にやっているんだけど、なんで居心地がいいのかを自分で理解する。それが主体性とか自分らしさとかいうレベルじゃなくて、本当に己を発見するってことですよ。

川村　きっと理屈だけで考えちゃいけないんでしょうね。

養老　虫を相手にしていても、こうだと決めたところで、必ず同じ仲間で違う虫、新種が出てくる。自分が持っている既成概念が必ず崩壊するのが、実に心地いいんです。思い通りにならないってことを学ぶと、人生、ラクですよ。みんな、なんでも思い通りになると勘違いしているから、イライラするわけでしょ。

これから「人間」はどうなっていくと思いますか？

川村　最後に、学者として取り組んでいる研究があったら、教えてください。

養老　あまり考えませんね。今朝も発見した新種の虫の論文を途中までやってましたけど、面倒くさいなと思ってやめて、結局、また虫と遊んでました。
川村　養老さんは本当に自由ですね（苦笑）。
養老　ちなみに、最近読んで面白かったのが上橋菜穂子さんの長編ファンタジーで、ある生き物がいて、アメフラシみたいなやつなんだけど淡水性で、藻を食ってるんです。そいつが変わっているのは身体の中に特殊な細胞があって、食った藻の葉緑体を消化しないで、細胞に取り込んでいる。そうすると年をとってくると全身が緑色になってきて、そのうち口がなくなるんですよ。光合成できるから。
川村　植物になっちゃうんですね。
養老　だから、僕もノーベル賞を取った山中伸弥教授のｉＰＳ細胞を使って葉緑体を取り込んだ細胞を体内にたくさん作って、葉緑人種になってみようかな…（笑）。そうしたら太陽の光さえあれば生きていけるので、虫を探してどんな奥地に探検に行っても大丈夫でしょ。
川村　最終的には自分の身体を研究に捧げるんですね。
養老　再生医療なんかよりよっぽど健康だし、平和な世界だと思いますけどね。
川村　名付けるなら「ミドリマン」か。映画にしたら、ヒットするかなぁ（笑）。
養老　さっきも言いましたけどファンタジーはニーズがあるんで、意外とヒットするんじゃないですか（笑）。植物が進化の過程で長年やってきたことをいきなり動物がやろうとしたら大変なことになると思うけど、上手にできたら、かなり面白いと思う。

川村　じゃあ、次は映画『ミドリマン』のロケハンかたがた、ぜひ虫捕りをご一緒させてください！

養老　今日は風が出てきたからもう行けないけど、風がなくて、生暖かくて、曇ってて、雨寸前みたいなときがいいですよ。虫捕りって上手な人は本当にすごいから。

川村　でも、人間にはみんな、もともとはそういう機能が備わっていたはずなんですよね。

養老　もちろん。そうじゃなきゃ、ここまで生きてこれなかったわけで。

川村　だからといって「自然と触れ合え」みたいなことを言われても、どうもピンと来ないんです。

養老　そこは言ってもだめですし、本で勉強してもだめ。やっぱり、実際にやらないとね。生物として持っている能力を使わないでいると、人間、だめになりますよ。

（2014年8月　神奈川・箱根の養老孟司さん別宅にて）

復習

箱根湯本駅からタクシーに乗り30分。森の中にある「昆虫の館」で、養老孟司は迎えてくれた。

世の中のことの20%くらいは違っているかもしれない、と彼は言う。科学も時に間違う。まぐれのときもある。自分の脳ですら嘘をつく。

「本で勉強してもだめ。やっぱり実際にやらないとね。生物として持っている能力を使わないでいると、人間、だめになりますよ」

臨床ではなく解剖を選び、ひたすら「人間の身体」と向き合ってきた医学者は今、昆虫と向き合いながら「世界のルール」を探し続けている。

江戸時代が終わり、太平洋戦争が終わり、そのあとに世界的な科学者や技術者が日本から誕生した。世界がひっくり返ったときこそ、ブレイクスルーはある。チャンスも訪れる。

「何を信じられるかってことは、自分で見つけるしかないんですよ。僕の場合はそれが解剖であり、昆虫採集なんです」

個性やオリジナリティが叫ばれ、「西洋のルール」が主流となった現代において、自分を世界に溶け込ませることで日本人的な戦いを挑む。ふと、幼少期に草むらの中で虫捕りをしながら、草や土、風や虫と一体化していたときの自分を思い出す。あのときにあった「いち人間」としての自分の感覚を取り戻さなくては。まずは30年ぶりにまた昆虫と向き合い、この世界に溶け込んでみようと思った。

理系001　養老孟司さんの教え

終戦を通って、それまでの世の中や常識がひっくり返ったことで、メディアとか人の言うこととか、今ならネットの意見とかが、一切信用できなくなった。だから、信用できることを突き詰めていったとき、一人でできる解剖が答えだった。

それなのに、今の世の中はルールをけっこう信じているから、困る。「世の中のことは20%くらいは違っているかもしれない」と疑ってないと、えらいことになる。

西洋では常に行動が主体的だが、日本人は主体がないから、その場の空気や状況依存で決める。そのことが個性がないとか状況に流されるとかネガティブだとされているが、翻るとこれ以上の自由はない。

近代の理系研究は、お金は十分あるから何をするかという話になって、となると業績を上げなきゃいけなくなる。

虫を相手にしていると、こうだと決めたところで必ず、同じ仲間で違う虫や新種が出てくる。そうして自分が持っている既成概念が必ず崩壊するのが心地いいのと、思い通りにならないことを学ぶと、人生はラク。

理系002

カドカワ 代表取締役社長／ドワンゴ 代表取締役会長

川 上 量 生

「不戦勝が一番いい勝ち方」

「優柔不断こそ賢さの象徴」

ITとコンテンツ業界を牽引する
「ニコニコ動画」の生みの親は、

「人間」の本質を探り当てる。

カドカワ 代表取締役社長／ドワンゴ 代表取締役会長

川上量生

NOBUO KAWAKAMI

1968年愛媛県生まれ。91年京都大学工学部卒業。ソフトウェア会社勤務を経て、97年にパソコン通信を使ったゲーム対戦システムの開発会社としてドワンゴを設立。その後、携帯電話向けの着メロ事業で業績を伸ばし、2003年に東証マザーズ、04年に東証一部に上場。06年にユーザーによる動画投稿サイト「ニコニコ動画」(以下ニコ動)を開始。10 年に角川グループ(当時)と包括的業務提携、ニコ動に角川の公式チャンネルを設置、電子書籍でも連携。一方で、11年よりスタジオジブリの鈴木敏夫プロデューサーに〝見習い〟として師事。14年にはKADOKAWAと経営統合。15年末時点、ニコ動の登録会員数は約5321万人(月間のユニークユーザーは約871万人、有料ユーザーは約254万人)。著書に『鈴木さんにも分かるネットの未来』(岩波新書)ほか。

©Kosuke Mae

主体性のある人間なんていない？

川上　この対談シリーズは、どういう理由で始めたんですか？

川村　「未知との遭遇」というのが裏テーマなんです（笑）。僕は数学とか物理とかが苦手で、昔から理系コンプレックスがあって。

川上　でも、理系にあって文系にないものが論理性だとするなら、理系でも非論理的な人はいっぱいいるし、文系でもめちゃめちゃロジカルな人はいますよね。例えば、僕がドワンゴをやりながら、〝見習い〟として師事しているスタジオジブリのプロデューサーの鈴木敏夫さんは、文系だけどロジカルですよ。ただ、鈴木さん以外は使っていない独自の論理を組み立てている。

川村　そこは弟子の川上さんにしてもまったく同じ印象があって、理系なのでもちろんロジカルなんですが、川上さんだけの鮮やかなロジックがあるように感じます。

川上　仕事で何をモチベーションとするかってところが、鈴木さんと僕は似ているんですよね。だいたい『もののけ姫』も、鈴木さんは最初から売れる確信があったと言い張るわけですけど、本当はギャンブルだったと思うんです。あるとき、鈴木さんに「なんでもっと安全な作品を創らなかったのか」と訊ねたことがあるんですけど、「本当にヒットするかどうか、知りたかった」と。要は実験したいんですよ。そういうところは僕もすごく似ています。

川村　既定のロジックで何かを解くことには、興味がないってことですよね。

川上　解こうとも思ってないですね。そもそもすべてに関して主体的じゃないし、傍観者。鈴木さんにしても「こっちから攻めた方がいいんじゃないの」とそそのかしているだけで、実際にやっているのは宮崎駿さんなんです。

川村　ちなみに、僕も「自分でこれをやりたい」と言い出してやったことがほとんどないことに最近気がついて。映画は主体的に取り組んでいるのですが、小説やその他の仕事では、まずは誰かから「やりませんか?」と声をかけてもらって始まっているところがあります。

川上　そもそも主体性のある人間がいるのかどうかも疑問ですよね。みんな、あるふりをしているだけじゃないかな。ふりをしているうちに、自分まで騙されている。主体性があるサルとかゾウとか、いないと思うんですよ。つまり、自然界の動物には主体性がないのに、人間だけあるわけがないというか。

どうして工学部を選んだんですか？

川村　ところで、川上さんは京都大学を卒業されていますが、工学部に行こうと思ったのはどうしてですか？

川上　そこしか通らなかったんです。もともと歴史とか社会とか文系も好きだったし、数学とか物理とか理系も好きだったんですが、高校で文系コースか理系コースか選ばなければならなくなって、理系コースを選びました。文転はできるけど、理転はできないと思ったのが理由です。

川村　そういう進路の選び方もあるんですね。

川上　大学に行くときも、航空工学とか物理とか土木とか、いろいろな学科がありましたけど、入る前からどこが面白いかなんて、わからないじゃないですか。

川村　確かにそうですよね。

川上　だから、東京大学の理科一類という、1年半は理系全般の教養をやって大学2年の後期から内定した学科で専門教育を学ぶ、ざっくりしたところに行こうと思っていたんですが、見事に落ちたんです。

川村 浪人してまで東大に行こうとは思わなかったんですか？

川上 思わなかったですね。

川村 主体性がないから？

川上 そうですね。僕は運命論者でもあるので、基本的には運命を受け入れます。

川村 工学部はある種の成り行きで行ったっていうことなんでしょうか？

川上 完全に成り行きですよ。だって、理系の学問の中で何が一番嫌いだったかって、化学でしたから。

川村 入った後は真面目に勉強する学生だったんですか？

川上 いや、全然。

川村 となると、何を勉強したら、川上さんみたいな人になれるんでしょうか？

川上 中学校の頃からずっとプログラミングはやってましたね。

川村 「ＢＡＳＩＣ」（※１９８０年頃に登場した初期のパソコン用に開発されたプログラム言語）を打ち込んで、ゲームを完成させて楽しむみたいなことですか？

川上 そうです。

川村 僕の親しい理系人で、川上さんくらいから下の世代の方々は、だいたい、ＢＡ

SICをやっていますね。

川上　共通点は親にファミコンを買ってもらえなかった人たちだと思いますよ。ファミコンはだめだけど、パソコンならいいよと。要するにパソコンでゲームを作ってやるしかなかったってことです。

「着メロ」「ニコニコ動画」のアイデアはどこから？

川村　弟子入りされているジブリの話が先になってしまいましたが、そもそも川上さんは20代でドワンゴを立ち上げて、日本を代表するIT企業に成長させてきました。なかでも大ヒットとなったのは「着メロ」や「ニコニコ動画」（以下ニコ動）だと思うんですが、そういった独自のビジネスを思いついたきっかけは何だったんですか？

川上　着メロはマーケットが大きかったんですよ。ドワンゴはネットのゲーム開発から始まった会社で、当時『釣りバカ気分』という7万人規模のゲームサイトがあって、大手の一つだったんです。

川村　もともとは大手ゲームサイトの会社だったわけですね。

川上　そうです。一方、着メロ業界を見ると5位のサイトでも、100万人規模を超えていた。しかも当時はカラオケメーカーしか着メロサイトを作れないというのが、携帯電話会社の暗黙のルールでした。だから、着メロサイトを作る村に入ることだけ許可してもらえれば、隅っこの方で細々とやるだけでも幸せに暮らせるなと思って始めました。そもそも、志が低いんです（笑）。

川村　川上さんは戦いを始めるときに「戦う場所」から決めますよね。普通はみんな「戦い方」を一生懸命に考えるのに。釣りで言うなら、釣り場を選ぶセンスがずば抜けている。

川上　一番手が嫌いなんです。好物は二番手。世間では僕もドワンゴも一番手のパイオニアだと思われているのかもしれませんが、冒険とか大嫌いなんで。

川村　ニコ動はどうやって生まれたんですか？

川上　着メロが当たって会社的にも余裕ができたとき、初心に戻ってネットやオタクといわれる人たちの居場所を作りたいと思って業界を見渡したら、グーグルの「機械にできることは全部やらせよう」というポリシーを、みんなが後追いしていた。だから、逆に人の手間が必要なサービスで、人間が参加するニコ動に行き着きました。答えを探すエンジンではなく、答えを収束させないエンジンとして。

川村　答えを収束させない、というコンセプトは素晴らしい発明ですね。ちなみに今、会員は何人くらいなんでしょうか？

川上　会員自体は4700万人くらいで、月間のユニークユーザーで言うと800万人くらい。課金しているユーザーになると230万人くらいじゃないですかね（※全て数字は2015年5月の対談時点のもの）。

川村　日本ではYouTubeに拮抗《きっこう》する存在としてニコ動がありますが、海外でニコ動のようなオリジナルな動画サイトが存在する国はあるんですか？

川上　フランスの「デイリーモーション」と中国に「Youku」というのがあります。あとは韓国くらいだと思います。

アイデアがひらめくのはどんなときですか？

川村　ニコ動の最大の特徴でもありますけど、視聴者がリアルタイムでコメントを動画上に出せるようにしたのは、どうしてですか？

川上　動画の画面とコメントを重ねて表示するのは、もともとアイデアとしてあったんです。盛り上がるとコメントが増えて画面が見えなくなるのが、本末転倒で面白いなと思っていました。でも、所詮はおまけの機能で、メインにするつもりはなかった。

川村　おまけだったんだ（笑）。

川上　そう。なのに、エンジニアがプロトタイプを作ったときに、勝手にコメントが画面にしか表示しない設計にしちゃったんです。仕方がないので1週間くらい見ていたら、「こっちの方が面白い」って気分になってきたんですよね。

川村　そのエンジニアのした仕事には、ある種のフェティッシュと同時に、確信犯的なクリエイティブを感じますね。川上さんもユニークなアイデアがたくさんある方ですが、どういうときにひらめくんですか？

川上　リアルタイムで思いついたことを話しているだけなんですよね。

川村　しゃべっているとスイッチが入るということですか？

川上　ちょっと話は飛びますが、僕は小学校の頃に毎日塾に行っていて、「これでジュースでも買いなさい」とお小遣いを100円もらって、コカ・コーラを買っていました。そのときに、いつも自動販売機の前でコーラにするかファンタグレープにするかを悩んだ結果「今日飲みたいのはコーラだ」と思って「ファンタは明日飲もう」と決める。でも翌日も同じ思考プロセスを辿って結局、毎日コーラを飲むんです。

川村　そのパターンは、なんとなくわかる気がしますね。

川上　そういう話はもう一つあって、あるとき、先生の都合で同じ内容の模擬テストを2回やらされた。そうしたら1回目も2回目も、5教科の点数から答えまで全部一緒だった。つまり、ロジックで組み立てた話は、だいたい結論が同じになってしまう。

川村　だから、考えたり計算をしたりしないで、しゃべっているときの方が、面白いことを思いつくということですね。

川上　論理的な議論として非論理的なことをやるというか、非合理的に見えることをやるのが、結局合理だということじゃないですか。

不戦勝が最高の勝ち方？

川上　僕は競争に興味がないんですよ。世の中で勝とうと思ったら、不戦勝が一番いい。仮に競争相手がいたとしても、正々堂々と打ち合って判定勝ちとか、絶対にやりたくない。いかに競争せずに圧勝するか。ベストなのは奇襲ですよ。

川村　ただ、人間はやっぱり、競争が好きじゃないですか。

川上　権力を持っている人のほとんどが学生時代に受験戦争を勝ち抜いたエリートだからでしょう。学歴社会の弊害だと思うんですが、特にそういう人は競争すれば勝てると思っている。でも、大いなる錯覚ですよ。

川村　そういう人が社会のルールを作っていますしね。

川上　日本人はルールを守るのがまた好きですからね。

川村　昔、背泳の鈴木大地選手がバサロキックで金メダルを取ったときに「ずるい」みたいなことを言った人がいましたけど、あれもルールに縛られた人たちの象徴だなと思いました。ハリウッドの映画人と仕事で向き合うときにいつも思うのが、向こうはバサロキックみたいなことばかり繰り出してくるんです（苦笑）。そういう意味ではルールを守って真面目に戦って、なのに試合で負けるみたいなことが、日本のものづくりやビジネスでも頻発しているのかなと思ったりもします。

川上　正々堂々とかじゃなくて、勝てるルールを作るのが大事ですよ。

川村　勝負事といえば、川上さんは将棋がお好きなことでも知られていますね。

川上　今は短い時間で答えを出すようなゲームばかりが流行ってますが、昔の智将と呼ばれる人たちはけっこう優柔不断で、長いことあれこれ考えてから答えを出している。将棋はそういうスタンスの訓練になるんです。

川村　優柔不断っていい言葉ですよね。

川上　賢さの象徴ですよ、優柔不断は。だって、確固たる答えが出せないのに何か手を打っていうのは、おかしいですよね。

川村　いつから「即決できる人が偉い」ってことになったのかなと思います。

川上　やっぱり受験戦争がバカを作ってますよ。競争のさせ方が間違っている。同じことをさせて、瞬発的能力をふるいにかけてるだけですから。

川村　僕も何をするにもすぐに始められないんです。優柔不断にぎりぎりまで考えて、新しい手を見つけることに9割方時間を費やして、ようやく始めるというか。

川上　僕も将棋や囲碁がずっと好きですけど、ルールが決まりすぎているから、まともにやって強くなろうとは思わなかったですね。

ヒットの法則がだいたいわかってしまった?

川村　受験についてのお話が何度か出ましたけど、ドワンゴでは、どんな学生や転職者を採用されているんですか?

川上　ちょっと変わった人や、欠点がある人が結果的に多いですね。

川村　きっと、川上さんは人間に興味があるんですね。

川上　小学生の頃だったと思うんですが、電車に乗ることがまだすごく特別なことで、そのときに、車両に乗っているおじいちゃんやくたびれた感じのおじさんとかを見て「きっとこの人たちの人生にはドラマがあるはずで、ここにいる人、全員の人生を知りたい」と思ってました。あれが僕の中の人間に対する好奇心の原点ですね。

川村　子どもの頃って、そういう感覚がありますよね。

川上　偉い人にはもちろん興味があるんだけど、もっとそうじゃない、本当に苦労している人の人生とか、考え方とか、世界観はどうなんだろうっていうのをずっと知りたいと思っていた。ただ、今はもう、だいたいわかったという感じです。

川村　わかってしまったんですか？　人間が何かということが？

川上　はい。突き詰めようとすれば突き詰められると思うんですけど、僕はだいたいわかればいいいんで。冒頭の鈴木敏夫さんとの話に戻るんですけど、「ヒットすると思っていることを定石と違うやり方でやって、結果が知りたい」とは思っていますが。

川村　ヒットというのは、そもそも定石の中にはないように思います。人間というのはややこしい生き物で、見たことがないものが好きだから。

川上　ただ、まったく見たことがないものには興味を持てないように思いますね。

突出したクリエイターの思考のメカニズムとは？

川村　以前に『仕事。』という僕の対話集で詩人の谷川俊太郎さんとお話をさせていただいたときに「心理学用語で〝集合的無意識〟という言葉があって、人間はみんなで一つの脳を持っているから、言語の違いを超えても、人類全体の無意識にアクセスできればいいと思っている」とおっしゃっていました。

川上　「みんなが知っている手法なのに、できあがったものはなんだかわからない」っていうのが強いんですよ。創作で苦しいのは、自分でゼロから生み出すこと。実際に一流のクリエイターでも全部をオリジナルでやってるわけじゃなくて、集合的無意識みたいなものを組み合わせてやっているわけですよね。

川村　突出したクリエイターは記憶力と、その膨大な記憶を要約する力が優れていますよね。そしてそれらを再構築して自分なりに表現することがうまい。

川上　例えば宮崎駿さんは見たものしか描かないんですけど、一切写真を撮らないで、覚えるんです。でも、20個くらい覚えたとしても、寝て次の日に起きて覚えているのは10個くらいなんですよ。その10個で描くから、だいたいオリジナルになるというのが、宮崎駿さんの理屈だそうです。

川村　表現する前の段階で、要約して覚えるということが大事なんでしょうね。

川上　それと解像度も大事なんじゃないでしょうか。すごく細かいことまでこだわると、作品なんてなかなか完成しないと思うんです。予算の都合もあるし、普通は時間なんてかけてられない。シナリオを作るだけで何年もかかってたら大変ですよ。

川村　延々と作らせてはもらえない。

川上　でも、例えば庵野秀明監督みたいに実績や名声があると、経済的にも社会的にも基盤があるから延々と解像度を上げることができる。誰もそんな作り方ができないから、すごい作品になるってこともあると思います。

理不尽なことを楽しむ術とは？

川村　川上さんはこれから先、どんなことに興味を持っていくんでしょうか？

川上　本当に何にも興味がないんですよね。困っています（苦笑）。２０１４年にＫＡＤＯＫＡＷＡと経営統合をしたのも、国内のコンテンツ産業とネット業界が相当厳しくなってきて、僕としても危機感があったときに一緒に何かやろうと誘っていただいたので、「それじゃあ」ということであって、具体的に何をやるかはここからです。

川村　海外勢にＩＴとエンタテインメントのジャンルで、それこそ「不戦勝で勝つ」みたいなことにも興味がないですか？

川上　全くないですね。アメリカ人とは若いときからずっとビジネスをやっていますけど、なんとなく何を考えているのかもうわかるし、仮に興味を持てることが見つかったとしても、それを生産性に結びつけるのが難しいというか。例えば最近は「多様性」に興味があって、そのことについて考えるのはすごく楽しいんですが、仕事には絶対に関係がない（笑）。

川村　川上さんは哲学者みたいなところがあるので、「多様性」とかもそうですが、興味を持って、発見して、考えて、理解したことを本にしていってほしいですね。

川上　今週またつまらない発見をしたんですけど、偉い人って「現象化」しませんか？例えば偉い人が怒ると、怒られた方は「雷に遭った」とか「地雷を踏んだ」とか、自然現象のように解釈する。これは精神安定を絶対とするサラリーマンの生きる知恵だと思うんですけど。

川村　天災だと思ってやりすごせと（笑）。

川上　それがうまくできる人とできない人の差を考えたとき、やはり家庭を持っているかどうかに帰着するなと。

川村　家庭がない人には「現象」として捉えられないんですかね？

川上　要するに子どもとか、子育てに疲れた嫁の相手とかは理不尽なことだらけで、ロジックで説明できない（苦笑）。だから、ありのままに受け入れて、現象として扱うしかない。そういう経験を積んだ人は上司の怒りを自然現象として捉えられるし、偉い人の腰巾着とか取り巻きになれるんだと思います。独身者は難しいですよ。

川村　理屈ではどうにもならない部分が、楽しみどころなのかもしれないですね。

川上　理不尽さこそ、人生の象徴だと思いますね。

コミュ障のススメ？

川上　理不尽さが人生という意味では、クリエイターでもコミュニケーション能力がある人ばかりが目について残念です。

川村　そこはコミュ障（※コミュニケーション障害）であって欲しいんですね。

川上　そうそう。コミュ障じゃない段階で、僕はその人の能力を疑いますね。しゃべりのうまいプログラマーとか、たいしたことないですよ。営業をやらせた方がずっと向いているんじゃないでしょうか。

川村　映画の世界でも宮崎駿監督とか庵野秀明監督みたいな、一人でルールを変えてしまう圧倒的なクリエイターは、出にくくなっているのかもしれないですね。

川上　今は一人のカリスマでなく、大人数やチームでやらないと何でも結果を出せない時代になってしまったので、チームのトップになることイコール、コミュニケーション能力が要るという矛盾も生じているんじゃないですか。

川村　僕の場合は幸いというか、予算やクリエイティブがなかなかコントロールできない曲者《くせもの》の映画監督やクリエイターばかりと仕事をしている気がします（苦笑）。

川上　言うことを聞いてくれない人の面白さってありますよね。勝手に自走してくれるから、楽だし。

川村　お手上げ状態の人が見つけてくるものは、それだけでやたら、感動したりしますしね。

川上　川村さん、『かぐや姫の物語』の制作に8年も費やしたスタジオジブリの高畑勲監督とも、今度映画を作ってくださいよ。

川村　できあがるのかなぁ（笑）。

（2015年5月　東京・銀座のドワンゴにて）

復習

東銀座、歌舞伎座の上にある真っ白なオフィス。

東京のビル群を見下ろす会議室に、チェックのシャツを着た業界屈指のトリックスターが現れた。

「僕は経営はやっていない」「人間に主体性なんかない」「世の中で勝とうと思ったら不戦勝が一番いい」「優柔不断は賢さの象徴」。

対談開始直後から川上量生節が炸裂する。謙遜でも虚栄でもない。それが真実であり、合理だと。

「着メロ」「ニコニコ動画」でヒットを連発したかと思えば、ジブリのプロデューサー見習いとして働き出し、KADOKAWAと突如経営統合。

ITビジネスのトップランナーはいつの間にか宮崎駿と庵野秀明の傍にいた。

「ちょっと変わった人や、欠点がある人がいい」

理系として徹底的に合理でありながら、非合理に突き進む。その原動力は「人間」に対する飽くなき興味なのだろう。

会社経営も、ヒットの法則も、アメリカ人の考えていることも「すべてわかった」と言い切る彼が、いまだに興味を持ち得る対象は人間だけなのかもしれない。

無駄話が一切ない2時間だった。

けれどもきっとすべての正解は「人間」の中にしかないのだと、改めて思わされた2時間だった。

理系002　川上量生さんの教え

そもそも主体性のある人間がいるのかどうかも疑問。みんな、あるふりをしているうちに、自分まで騙されている。自然界の動物には主体性がないのに、人間だけあるわけがない。

グーグルの「機械にできることは全部やらせよう」というポリシーをみんなが後追いしていたときに、逆に人の手間が必要なサービスとして行き着いたのが、人間が参加する「ニコ動」。

世の中で勝とうと思ったら、不戦勝が一番いい。

優柔不断は賢さの象徴。確固たる答えが出せないのに、何か手を打てっていうのはおかしい。

しゃべりのうまいプログラマーとか、その時点で能力を疑うし、たいしたことがない。

東京藝術大学大学院 映像研究科教授

佐藤雅彦

『ポリンキー』『バザールでござーる』
独自の「ルール」と「トーン」で
傑作CMを生みだし、
再現可能な方程式にこだわりながら
作り方を作る。

東京藝術大学大学院 映像研究科教授

佐藤雅彦

MASAHIKO SATO

1954年静岡県生まれ。東京大学教育学部卒業後、電通に入社。CMプランナーとして湖池屋『ポリンキー』、NEC『バザールでござーる』をはじめ多数のヒットCMを手がける。94年に電通退社後、企画事務所TOPICSを設立。99年より慶應義塾大学環境情報学部教授、2006年より現職。主な仕事にプレイステーション・ソフト『I.Q』、NHK Eテレの『ピタゴラスイッチ』『0655/2355』『考えるカラス〜科学の考え方』の企画・監修ほか。著書に『考えの整頓』(暮しの手帖社)、『経済ってそういうことだったのか会議』(共著/日本経済新聞社)ほか。芸術選奨(11年)、紫綬褒章(13年)をはじめ、受賞歴も多数。

©Junpei Kato

理系脳の佐藤さんが作った映画がカンヌに招待された？

佐藤　川村さんは映画のプロデューサーでいらっしゃいますけど、僕の一番新しい活動は「映画」なんです。

川村　どういう作品なんですか？

佐藤　『八芳園』という短編なんですが、2014年のカンヌ映画祭のコンペに選ばれて招待上映をされました。東京藝大の佐藤研（※佐藤雅彦研究室）のメンバー4人と僕で〝カンヌプロジェクト〟として試みた作品です。

川村　カンヌは狙ってもなかなか行けるところではないので、すごいですね。

佐藤　実験的な映画なんですよ。「人生には、稀にどう対処すればいいかわからない時間がある」ということにあるとき気づいて、それは映像表現でしか捉えられないなと思ったんです。そこで、そういう時間はどこに現れやすいかを考えてみたら、「結婚式だな」と。例えば集合写真を撮るときとか、かろうじて顔だけは見たことあるぐらいの親戚に挟まれて話題に困ったり…といったことってないですか？

川村　ありますね。
佐藤　そんな、「やりすごし方も曖昧な時間」だけを撮って編集したんです。
川村　それで結婚式のメッカである「八芳園」でロケをされたと。
佐藤　はい。あと、映像の手法として「同じ画角で撮る」というルールを採りました。だから、すごく不自由な絵で、主人公もいなければストーリーもないんですけど、観客に新しいリテラシーを要求したのがカンヌでも評価されたんじゃないかと思います。
川村　もともと映画は好きなんですか？
佐藤　それが最近まであまり観ていませんでした。一般的な映画はストーリーがすごく大事になってくると思うんですけど、僕はストーリーに非常に疎い人間なんです。長く監修しているＮＨＫの幼児教育番組『ピタゴラスイッチ』でも長いストーリーものでなく、短いコーナーをたくさん作っています。結果として、幼児にも適した番組になっています。
川村　映画を観ない佐藤さんが作った映画が、普通の映画と違った「新しい作家性」を認められてカンヌに招かれたのは、必然な気がしますね。
佐藤　今までどんな仕事でも、ずっと「作り方を作ってる」ところがあって、「こうすると、ああいうことが伝わる」という新しい伝わり方を、研究したり開発したりするのが好きなんです。

川村　「作り方を作る」ですね。

佐藤　はい。だから、映画を新しいコミュニケーションデザインとして捉えたら、自分でもできるかな、と思いました。観る人がどれだけの興味を持って、頭を使って参加してくれるかが大事で、映画でもテレビ番組でも、どんな視覚情報や聴覚情報を与えれば、観る人が没入するだけの表現ができるかってことをやってます。

電通時代はどんな方法論で仕事をしていましたか？

川村　映画に限らず、佐藤さんは広告でも、「作り方を作る」ところから始めている印象があります。

佐藤　電通に一般職で入社した直後にコピーライターブームが始まりました。1、2行のコピーが100万円とか通常では考えられない値付けをされ、それも当たりはずれが多かった。他にも人気タレントを海外に連れて行って現地の有名写真家に撮らせたけど認知率がいかない…といった浮ついた作り方をしていました。僕は見積もりやスケジュールをきちんと管理した上で、いつも高い認知率、配荷率、好感度を獲得する表現上の方法論が必要だと思いました。要するに、広告の正常化を唱えたんです。

川村　手法として再現可能なものということですね。

佐藤　はい。具体的にはイメージ広告をやめて、商品広告をやりました。「スコーン、スコーン、コイケヤスコーン」とか「モルツ、モルツ、モルツ♪」とかはすべて商品名から入っているもので、「音から作る」という方法論の一つです。ただ、それまでの広告業界のやり方を壊しにいったので、多くの人を敵に回すことになりました。だから追い詰められて、一つでも失敗したら突き落とされるような退路を断った状態で、作っていましたね。

川村　そもそも就職先に広告代理店という、どちらかというと文系の業界で、なおかつ電通を選ばれたのはなぜですか？

佐藤　大学では数学をやろうと理学系に進んだのですが、1年のときのクラスにできるやつが集まってて、ある日、授業で証明をしていた先生の板書が途中で急に止まったことがあったんです。そうしたら、いつも授業なんか小馬鹿にして聞いてない隣のやつがふと顔を上げて、ひと言「あ、対称性です」と言った。授業の後で彼に「どうして対称性ってわかったの？」って聞いたら、「僕はそれを佐藤に説明しないといけないのかな？　レポートにすると1週間はかかると思う」と言われて。

川村　天才だったんですね。

佐藤　そのときにわかったんですよ。数学を僕はそれまでAならばB、BならばC、ゆえにAならばCという三段論法で積み上げるものだと思っていたけど、それじゃだめなんだって。そいつがやったのは、AならばXってジャンプだったんです。

川村　だから、佐藤さんは数学者をあきらめたと。

佐藤　そうです。自分の将来が全然わからなくなって、せめて社会の歯車になりたいと思うようになりました。それでメーカーや商社や銀行を受けたんですけど、電通はアルバイトで予備校の講師をやっていたときの教え子が勧めてくれたんです。広告代理店なんて言葉も知らなかったんですが、いろいろな業種の仕事ができると聞いて、社会の仕組みが一番わかる会社なのかなと思いました。

ルールとトーンで作るとは？

川村　AからXの話はとても興味深いです。確かに数学だけでなく仕事においても、三段論法的な積み上げで作る面白さには限界がある。でも、天才がXにジャンプできたとして、それをみんなで共有して再現するためには、Xジャンプの方法を全員がわかっていなくちゃいけない。そこで「それをきみに説明しなきゃいけないの？」と言わないで、「みんなにわかるように説明して教えよう」とするのが佐藤さんの特殊性で、大学教授の道に進まれた理由なんだろうなと思います。

佐藤　僕は、人に何かをわかってもらいたくて仕方ないんです（笑）。大学の大教室でも、一人も脱落しないでわかっているかどうかに関心があります。しかも、簡単にわかるんじゃなくて、ある程度その人の力が発揮できてわかるっていうのが一番だと思ってます。

川村　富士山の頂上にヘリコプターで行って朝日を見ても感動しないですもんね。

佐藤　その通りです。自力で登るのに「こういう方法があって、これをやるとできるよ」っていう可能性を広げてあげたり、伸ばしてあげる方がいいんです。

川村　電通を辞めたのは教育がやりたくなったからですか？

佐藤　いいえ。「ルール」という方法論でCMを作り続けている中で、あるとき自分の作ったラーメンの広告がどのくらい効果があるのか、スーパーに見に行ったんです。そうしたら、一人の主婦が僕のCMの商品は1個しか買わないけど、定番のサッポロ一番はごそっと買っていく。そのときに「ルールという方法論だけじゃだめなんだ」と気づきました。ルールで作ったCMは中学生や高校生に訴えるのにはいいけれど、サッポロ一番は家庭でみんなが食べるものなんだという世界観、「トーン」を持っていたんです。

川村　「トーン」の発明ですね。

佐藤　その後は尖ったものはルール、メジャーなものはトーンという2つの方法論でCMを作るようになったんですけど、そのうち「トーン、つまり世界観を作る仕事は広告以外の表現でもできる」と感じるようになって、40歳で電通を辞めました。

教え方も作る？

川村　その後、大学の教職につかれたのは、何歳のときですか？

佐藤　電通を辞めて4年後の44歳のときに慶應義塾大学から「教授として迎えたい」とメールをいただいたんですが、初めて教室に入ったとき、やっとここに来れた…と（笑）。

川村　ということは、ずっと教育には関心があったんですか？

佐藤　幼稚園のときに叔父が自転車をくれて、すぐ補助輪なしで乗れるようになったんです。でも子ども用の自転車などろくになかった時代で、近所の子は誰も乗れない。つまらないので、彼らが自転車に乗れるように4段階のカリキュラムを自分で作りました。それでみんなが自転車に乗れるようになった。当時から、相手が子どもだろうとおじいちゃんだろうと、誰かが何かを習得したりわかったりする瞬間に立ち会うのが、好きで好きでしょうがなかったですね。

川村　佐藤さんの中には一貫して教育があって、その第一フェーズとして広告があったということなんでしょうね。

佐藤　はい、その通りです。そもそも教えるにはまず、自分がわからなきゃだめなので、わかるために一生懸命勉強をして、「こういう素晴らしい世界があるんだ。これはどうしたら、みんなにもわかるかな」ってことばかり考えてます。

川村　僕の場合、「わかりたい」と思う対象は、ほとんどが日常の中の違和感についてなんです。『ムーム』という絵本を書いたときも、新しい財布にお金とかカードを移すと、今まで使っていた古い財布が突然死体みたいに生気を失うのはなんでだろうと思ったのがきっかけでした。その違和感をストーリーにすることで自分を納得させていきました。

佐藤　僕はいわゆるストーリーが苦手なだけで、基本的にはストーリーは大切だと思っています。ただ、映画でも何でもすべてを教育として捉えていて、映画を観るとあることがわかったり、あるリテラシーが身に付いたり…ってことをやりたいですね。

要素還元して考える？

川村　誰かに何かを教えるときに、気をつけていることはありますか？
佐藤　どこに行っても僕の背中には必ず黒板があるんです。板書することでみんなが同じ気持ちになって同じことがわかるという意味で、すごく大事なメディアだと思っています。あと、僕は自分が理系出身だってことはそんなに意識してはいないんですけど、何でもまず要素に還元する。どういう要素でそれが成立しているのかをいつも考えています。換言すると、可能な限り言語化するわけです。それで残ったもの、つまり本当にわからないものと対峙できる。さっきのAからXへのジャンプの話も、どうして飛べたのかを曖昧にさせておくのがいやなんです。
川村　つまり、感性だけで飛んじゃって、10回に1回だけ成功するみたいなのだと困るってことですよね。

佐藤　感性とか信念みたいなことを軽々しく言いたくないですね。最後は感性で探り当ててるしかないんですが、そういった言葉ですぐ片付けるのは、傲慢な気がします。

川村　そこは気をつけないといけないですね。

佐藤　どんな表現も最後は必ずジャンプはしているんです。でも、ジャンプをするための方法論があるので、教室ではそれを教えています。例えば、僕が作ったネーミングは『だんご3兄弟』も『ドンタコス』も濁音を多用していますけど、これは要素還元をしていった結果、ダース・ベイダーとかゲーデルとかゴディバとか、自分がひっかかる言葉に濁音がいっぱいついていたからなんです。当時、このことは「濁音時代」と言っていましたけど。

川村　だんご3兄弟がダース・ベイダーからきていたとは！

『バザールでござーる』のネーミングはどう生まれた？

佐藤　昔、ニューヨークへロケに行ったとき、僕はお酒を飲まないので誘われても断ってばかりなんですけど、「佐藤さん、今日行くところはすごく素敵なナイトクラブで、有名なミュージシャンを輩出したところなんですよ」と言われて、「なんて店ですか」と聞いたら、「CBGBってところだ」って言うんです。そのとき、CBGBというネーミングにしびれてしまいました。

川村 音感がいいですよね。

佐藤 そうです。なぜいいかというと、CBGBって「ABA′B′」という構造をしているんです。例えば『ぐりとぐら』とか『キットカット』も、CBGBの形をしている。それで、「次にネーミングかキャッチコピーを作るときは、ABA′B′でいこう」と思っていて、そこから生まれたのが『バザールでござーる』です。

川村 ものすごく理系っぽい考え方ですね（笑）。

佐藤 いきなり『バザールでござーる』にはなかなかいけないけど、そういう方法論を踏み台にすればジャンプができる。しかもいったん飛んでしまうと、後から振り返って橋を架けることもできるし、そうするとどんどん飛びやすくなる。

川村 方法論があるから、量産体制も取れるんでしょうね。

佐藤 はい。常に自分が作ったものを要素還元して量産体制に入っていました。自己模倣ですね。そうすると、サントリーが来てもトヨタが来ても、いつも80点以上を出せる。いずれにしても、広告というのは基本として「広く告げる」ということなので、なるべく多くの人に伝わる方法論を探すことを、怠っちゃいけないと思いますね。

今の広告業界をどう見ていますか？

川村　佐藤さんの作り方は感性で広告を作ってきた人たちからしたら相当な脅威だったと思いますが、一方で最近の広告がまた佐藤さん以前、感覚とかノリで作ろうみたいな時代に戻ってきている印象もあります。

佐藤　そうですね。どうも自分のことをうまく見せたり、デザイン的にはたいしたことがなくてもそれ風になってたり、メディアに乗っかったり、マスコミ文化人みたいな人の方が意見が強くて残念です。能力のあるデザイナーやCMプランナーは必死に職人的に作っていて、だからこそ口下手だったり、謙虚だったりするものです。今は自分をプロデュースしないと勝てないみたいな、つらいところがありますね。

川村　僕は自分の映画や小説が出るときだけ、パブリシティとして取材を受けさせてもらっていますが、なかでもテレビは怖くてなかなか出る勇気がないんです。

佐藤　僕はテレビだけでなく新聞も、表に出ることはほとんど断っています。その時間があったら、企画や制作や教育をしていたいと思っています。無名でいると、相手もストレスなく素直に意見をしてくれます。教室でも仕事場でも学生や若い人が『先生』、それは違いますよ」と平気で言ってくるし、全否定されることも多いんです。その環境がなくなったら、もう終わりですよ。

川村　意外とノリのいいやつがモテたり、ウケちゃったりするということは世の常だったりもしますけどね。

佐藤　日本の教育制度の問題が大きいのかなと思って、幼児教育番組とかメディアを使った教育とかも随分前からやり始めたんです。『ピタゴラスイッチ』が今15年目なんですけど、あれを見て育った子どもが30歳とか40歳になって活躍する頃になったら、少し変わるんじゃないかなと期待しています。

川村　『ピタゴラスイッチ』は、偉大な番組だと思います。

佐藤　それまでの番組みたいに知見を教えるんじゃなくて、考え方を教える番組として始めました。僕は「エンタテインメントからインタレスト」って標榜《ひょうぼう》してるんですけど、自分の中に確かな興味を見つけて、自分の足で一歩ずつ思考する楽しさを獲得する方がいいと思っています。

川村　『告白』という映画を一緒に作った中島哲也監督が、専門学校で開催された映画のイベントで「作り手は映画を観て、ただ感動していてはだめで、ちゃんと観方がある」と話し始めたんです。最初は普通に観て、例えば自分が泣いたシーンがあったら、観終わった後にそのシーンを観直して、映像で泣いたのか、音楽で泣いたのか、俳優の芝居で泣いたのかを、自分の中で要素還元することが大事だと言っていました。

佐藤　僕も教室で全く同じことを言ってます。自分でも黒澤明監督の映画を1フレームずつ見て、「こんなことをやってるんだ」というのを見つけてみたりしています。

佐藤さんの「ヒット」との向き合い方とは？

川村　佐藤さんはゲームも作られていますよね。

佐藤　実はゲームは一切やらないんですが、電通から独立して1年後に突然、ある世界観がばーんと思い浮かんだんです。向こうからやってくるキューブに押し潰されそうになって、主人公に右に行け、左に行けみたいなことを自分でやってて、でも「これはコマーシャルじゃないな。普段やらないコンピュータゲームっていうのかな」と思いました。

川村　トーンが生まれたんですね。

佐藤　はい。その翌週、青山にあるソニー・コンピュータエンタテインメントにのこのこ行って、話を聞いてもらったんです。そうしたら「その世界観だけなら、1、2カ月くらいあれば再現できますよ」というのでお願いしたら実際にちゃんとできあがってきて、僕は「やったー」とか喜んでるんだけど、なぜかソニーの人たちは暗いんです。それで階段の踊り場で担当してくれた新入社員をつかまえて問い詰めたら、「それが、あの、ゲーム性がないっていうか…」って言ったんですよ。そのとき初めて、コンピュータゲームにゲーム性が必要だって気づいた。素人すぎますよね。

川村　常識を覆す名作は、本末転倒の中から生まれるものだと思います（笑）。

佐藤　初めにトーンだけで作ってしまったので、それまでのゲームと全然違って映画みたいだとよく言われましたけど、新入社員の発言のおかげで「そうか、ゲーム性が必要なんだ」と思って、そこからやっとゲームのルールを考え出して、最終的に3年近くもかかって完成しました。『I.Q』というタイトルで、日本だけでも150万本くらいは売れたのかな。電通を辞めてトーンという方法論で新しいものを作ることができたという第一号です。

川村　佐藤さんは表には出ないけど、実はものすごいヒットメーカーなんですよね。
佐藤　でも、そう言ってほしくないんですよ。そこを誇りたいとか、ないんです。『ピタゴラスイッチ』のＤＶＤブックも経済の本もかなりの部数に達してますが、「売れてるから、買おう」とブーム的に購入をされるのがいやで、「好きだし見たいから、買おう」と思ってほしいんです。だから、関わったものが世に出ていくときも「プロモーションで売らないでください」と言います。受け手のインタレストだけで数字が伸びていってくれたらいいと思っています。

人間にはまだ新しい分かり方が残されていますか？

川村　今、佐藤さんが力を入れていることは何ですか？
佐藤　子どもにリアルな体験をさせて、生き生きと何かに熱中させたいですね。例えば、工学系の学生が戦前から戦後くらいにバイブルとして持っていた『機械の素』という本が復刻して、主に機構を説明しているだけなんですけど、なかには面白い歯車があったりする。そういうものを商品として子ども向けに出せないかなと思っています。今は大学にもレーザーカッターとか3Dプリンターとかがあるので、具体的に試作できます。小さい頃、僕がプラモデルをやりながらいろいろ学んだみたいに、リアルを提供したいですね。

川村　なぜ、リアルなんでしょうか？

佐藤　もちろん現実から離れて概念の世界に行けることが人間の素晴らしいところだと思っています。ただ、そこに行く足がかりとして、現実にしっかりと足を付けることが大切ではないでしょうか。実は現実が、概念の世界を超えてたりもします。僕たちにはまだ見えていないだけなんです。そういう意味で、人間にはまだ新しい分かり方がたくさん残っていると思います。

川村　それは本当に希望ですね。

佐藤　僕は自分の仕事のことを作品と呼んだことがないんです。作品と呼べるのは人類の財産になったものだと考えているからです。そういう意味で、どうせやるなら作品を目指したいなと思って、映画では『八芳園』を作ってみましたけど、多くの人たちに共有されて未来に残る「作品」には至っていないんですよ。

川村　挑戦したいジャンルは、やっぱり映画になるんでしょうか？

佐藤　目指していることは変わらず「新しい分かり方」「新しい分からない方」なので、

それを実践する場として映画はとても興味があります。カンヌに招待されたたくさんの映画を観たときに、今の時代の映画を後世に残すんだとしたら、何か別のものを見いださないといけないないなと。だから、今回川村さんには自分が表に出てでもお会いしてみようと思いました（笑）。

川村　僕も今まで「映画にはまだやっていないことがたくさんある」と思いながら作ってきました。例えばクエンティン・タランティーノ監督が出てきたときにそれまでの映画が破壊されて再構築されたような瞬間に、なるべく自分も関わりたいし、立ち会いたい。そして僕は、昔から佐藤研に入りたいと思っているんですが…。

佐藤　入研試験の倍率が高いんですが、聞いてます？　試験科目は数学と物理と…。

川村　思いっきり理系じゃないですか！　そりゃだめだ（苦笑）。

（2014年8月　東京・築地のユーフラテスにて）

復習

築地のオフィスを訪ねると、黒板を背にした佐藤雅彦がいた。

チョークで書かれたいくつかの図形と言葉。彼のアイデアはここから生まれる。

「どんな仕事でも、作り方を作る」。モルツ、ポリンキー、バザールでござーる。

彼は、独自の「ルール」と「トーン」で、数々のヒット広告を作ってきた。

「感性とか信念みたいなことを軽々しく言いたくない」。センスや勘に頼るのではなく、手法としてきちんと確立され、再現が可能な方程式を生み出すことへのこだわりは、ゲーム、教育、映画へと広がっていく。そして『I.Q』『ピタゴラスイッチ』『だんご3兄弟』などのビッグヒットが生まれた。

すべてが論理でできている佐藤雅彦の世界。でも、いつもそこに親近感がある。

「相手が子どもだろうとおじいちゃんだろうと、誰かが何かを習得したりわかったりする瞬間に立ち会うのが、好きで好きでしょうがなかった」

それは独自のカリキュラムを作って、友達みんなが自転車に乗れるようにした子どもの頃と何も変わっていない。

対談中「人間には、まだ新しい分かり方がたくさん残っている」と言った。うれしそうに黒板に図を書き、楽しそうに実験道具を見せてくれた。分からない人を見捨てない。どうしても伝えたい。その姿勢は現代において「優しさ」そのものなのかもしれない。確かに「伝えたい」と思う気持ちは人間の根本であり、それこそが彼の論理の世界において、失われずにある親近感＝ヒットの源流なのだ。

理系003　佐藤雅彦さんの教え

どんな仕事でも、ずっと「作り方を作ってる」ところがあって、「こうすると、ああいうことが伝わる」という新しい伝わり方を研究したり、開発したりしている。

電通に入社した直後にコピーライターブームが始まった。高額なコピーや海外ロケをしたけど認知率がいかない…といった浮ついた作り方に違和感を覚えて、再現可能な広告の正常化を唱えた。

人に何かをわかってもらいたくて仕方がない。大学の大教室でも、一人も脱落しないでわかっているかどうかに関心がある。しかも、簡単にわかるんじゃなくて、ある程度その人の力が発揮できてわかるっていうのが一番。

自分が理系出身だということはそんなに意識してはいないが、何でもまず要素に還元して、どういう要素でそれが成立しているのかをいつも考えている。

感性とか信念みたいなことを軽々しく言いたくない。

テレビだけでなく新聞も、基本的に自分が表に出ることはほとんど断っている。無名でいると、相手もストレスなく素直に意見をしてくれる。

任天堂 専務取締役 クリエイティブフェロー

宮本茂

『スーパーマリオ』『ゼルダの伝説』
数々の傑作で世界を熱狂させてきた
ゲームプロデューサーは、
文系と理系を交錯させながら
気持ちのいいゲームを目指す。

任天堂 専務取締役 クリエイティブフェロー

宮本 茂

SHIGERU MIYAMOTO

1952年京都府生まれ。77年金沢美術工芸大学工業デザイン専攻を卒業後、任天堂入社。『ドンキーコング』(83)『スーパーマリオブラザーズ』(85)『ゼルダの伝説』(86)『F-ZERO』(90)『スターフォックス』(93)『ピクミン』(2001)など、ゲーム史に残る数々の傑作シリーズを生み出したゲームプロデューサー。07年には米TIME誌「TIME 100(世界で最も影響力がある100人)」に選ばれ、〝ビデオゲーム界のスピルバーグ〟と評される。仏レジオン・ドヌール勲章「シュヴァリエ章」(06年)をはじめ、国内外の受賞歴も多数。

©Kosuke Mae

ゲームと映画の違いとは？

川村　宮本さんが作られてきたゲームの大ファンです。

宮本　川村さんは映画プロデューサーなので『ピクミン ショートムービー』の話をすればいいのかなと思ってましたが、だったら、しっかりしゃべらなあかん（笑）。

川村　その『ピクミン ショートムービー』ですが、３Ｄ上映で拝見しました。宮本さんはゲームのキャラクターに、ストーリーを付けることをかたくなにやらないできたように感じていたので、映画を作ると聞いて正直、意外ではありました。

宮本　確かに「ゲームと映画は違うんです」と言い続けてきたんですが、ピクミンはちょっと特殊で、お話にしてみたくなったんです。それに従来のように手描きのアニメーションや実写となるとどうしてもゲームの世界とギャップが出てきてしまいますけど、ＣＧの時代になってそこのズレがなくなって、映画のためのキャラクターの監修が要らなくなったのが大きいですね。

川村　今回は脚本も書かれたんですか？

宮本　尺的に脚本というほど複雑な構成ではないので、まずは僕が「うごメモ」（※ニンテンドーDSiウェアの「うごくメモ帳」）で書いたり口頭でしゃべったりして。それを大枠の絵コンテにしてもらって、簡単なモーションを付けて実際の尺の映像にして、足りないところは足し、タイミングのおかしいところは直し…というやり方で監督に近いところまでやらせてもらいました。

川村　観ながら、宮本節を随所に感じました。

宮本　でも、そんなことをしていたら、20分のものを作るのに2年以上かかってしまって…（苦笑）。

川村　それはハリウッドの巨匠並みの時間のかけ方ですね（笑）。

宮本　否定はしません（苦笑）。考えていたイメージの4倍くらい時間がかかったので、お金も4倍くらいかかりました。ちなみに映画って怖いなと思ったのは、編集段階まで確認できなくて、そこでいろいろ言っても、もう今さら修正できないと。ゲームだと僕、もう土壇場まで直しますから。

川村　ちゃぶ台返しをよくなさるんですね（笑）。

宮本　そうそう。予定調和で作ったものより、積み上げていきながら、アンバランスなんだけど何とかバランスが取れそうといったところでまとめた方が、ずっと面白いものになるんですよね。

「上手じゃない人でも遊べるゲーム」をどう作ったのか？

川村　僕は1979年生まれなので、『ドンキーコング』から入って『スーパーマリオ』をやって、ファミコンからスーパーファミコン、ゲームボーイまで、宮本さんが作られたゲームは世代的に全部通ってきているんですけど、ゲームのヘビーユーザーではないんです。点でしかゲームに接してこなかったにもかかわらず、手を出したすべてが「宮本茂さんという人が作っている」と大人になってから知って、驚きました。

宮本　それはありがとう。

川村　僕、ゲームが下手くそだったんですよ。みんなで集まってファミコンをやっていても、どんどん差が開いて寂しい気分になってくる。だけど、宮本さんのゲームは輪の中に入れたし、他人のプレイを見ているだけでも楽しかった。宮本さんはゲーム作りにおいて、そこは意識されていたんでしょうか？

宮本　プレイヤーが腕を上げたときにさらに楽しめるように作るというのは絶対条件

ですが、「ゲームというのは上手じゃない人も、たくさん遊んでくれているんだ」ってことも、割と若い時期から自覚していました。『スーパーマリオブラザーズ』は世界で4000万本以上売れたわけなので、「遊んでます」と言ってくれる人も多かった。でも、話をしていると全員が全クリアしたわけじゃないことがわかってくるんです。

川村　いろいろな人にそれぞれの楽しみ方があるんですよね。僕も映画を作るときは、単純に娯楽として楽しむ学生、ドラマとして感動する大人、テーマや技術について語るマニア、それぞれのレイヤーで楽しんでもらいながら、一緒に映画館にいる状態が理想だと思っています。

ゲーム作りには文系と理系の両方が必要？

宮本　もう一つ大事にしてきたのは「自分が触っていて気持ちがいいように作ろう」ということです。クリアできたとか誰々より強いとかとは別の軸で、操作している瞬間が楽しかったり、ボタンを押したときの反応が妙にうれしいとか、自分の生理的な体感とぴったりくるように作ろうと。

川村　そういう意味ではスーパーファミコンのＬＲボタンはすごく象徴的で、押したときにマリオカートがぽんぽんっと弾んでいく感じが、まさに生理的に気持ちよかったのを覚えています。あれができたのは、任天堂が筐体《きょうたい》を作る会社であるという強みも大きかったんでしょうか？

宮本　僕は工芸大学の出身で、任天堂に入った頃はゲームセンターにあるテーブルゲームとか、箱の中に入って遊ぶアーケードゲームのデザインをしていて、メカの設計者と一緒に作っていたんです。その流れでファミコンやスーパーファミコンも作るようになって、そこでもコントローラは設計の人間と一緒にやっていましたね。その後のＷｉｉも、ずっと絵と技術をワンセットとして開発してきた感じです。

川村　ゲームの世界は、アートやストーリーといった文系の世界と、プログラミングやエンジニアリングなどの理系の世界が限りなく一緒にならないと、気持ちいいものとか面白いものにならないんでしょうか？

宮本　そうだと思います。ただ、大学時代はプログラミングにはまったく興味がなくて…。だから、学科の課題でも保育園の玩具とか大型の遊具とか、そういうものばかり設計していました。任天堂への入社が決まったときも、大学の先生には「どうしてきみはファインアートの方に行かなかったんだね？」と言われたりしましたね。

テクノロジーを理解することはどれくらい大事ですか？

川村　学生時代の宮本さんは完全にアーティストだったんですね。

宮本　本人は自分で作ったものを見ても「ぜんぜんファインアートじゃないや」と思って過ごしてましたけどね（苦笑）。それで会社に入って翌年くらいに、世の中で『スペースインベーダー』がどーんとヒットして、商品企画の一つとして面白そうだなと思った。そこからはさすがにコンピュータと付き合おうと決めて、周りに技術屋さんがたくさんいたので、彼らにいろいろと習い始めたんですが、意外と理屈っぽい世界が楽しかったですね。「こういう原理で動いているんだったら、こういうことはできないわけですね」と、できないこと探しみたいなことも始めて（笑）。

川村　宮本さんの修業時代ですね。

宮本　最初に衝撃だったのは『スペースインベーダー』がカラーになったとき、ブラウン管の上からカラーテープが貼られていたんです（笑）。それで技術の人に「絵そのものをカラーにできないんですかね」と話をしたら「できないよ」って言うんですよ。でも、その後ナムコから『ギャラクシアン』というゲームが出て、これがばっちりカラーだった。だから「あっちはカラーになってるやん」と問い詰めた。

川村　そこで理系に攻め込んだわけですね。

宮本　そうしたら、「1ビットで絵を描いたら白か黒しかないけど、2ビットで白と黒を重ねると3色になるから、できないことはない」と言い出した（苦笑）。そのときにわかったのは、ロジックで話せば割り切ってもらえるということと、ハードを作っている技術者は現実の話しかしないので、可能性については別の視点で話をせなあかんなと。

川村　なるほど。

宮本　それからは技術の人に無理だと言われても「なんでですか？」といちいち踏み込むようになって、そうしたら彼らも意外と面白がって教えてくれたりして、僕も「じゃ、これをこうしたら、こうなるの？」と返したりするようになりました。だから、僕はずっとプログラマーに教えてもらいながら、こちらからもプログラマーに絵の提案をして…というスタイルでやってきました。うちは今でもデザインをする人も全員、ハードウェアの講習をするんです。僕の経験上、ハードがわかると遊びの設計がしやすいんですよ。

文系と理系の信頼関係の作り方とは？

川村　今の宮本さんの話は、僕がこの理系の対談シリーズを始めるときにぼんやり思っていたことの答えを言ってもらった感じがします。技術の人たちは現実を見ていてどう実現させるかのスペシャリストなんだけど、その人たちを新しいゾーンに連れていくのはアートやストーリーの人たちなんじゃないかなと。

宮本　無理矢理な課題に付き合ってもらえる人がいることが大前提です。例えばプログラマーはバグを出さないことに責任があるんですけど、彼らに「リスクはあるけど、面白いんならやっちゃいましょうか」と言わせるために、どう納得してもらえるかが大事かなと。

川村　そうやって、文系と理系が侃々諤々《かんかんがくがく》しているなかから『スーパーマリオ』や『ゼルダの伝説』が出てきた感じは、すごく理解できました。ただ、それは宮本さんが技術の部分をブラックボックスにしないで、勉強して突っ込んでいった時期があったからなんですね。

宮本　いいかげんな勉強なんだけど、頭でっかちで原理だけはわかっているので、すごい人の前で何か発言すると「あいつ、やりにくいな」とか言われるタイプでした。でも、ある程度かじっていて話ができた方が、相手に対して説得力は持てますよね。

川村　映画の撮影技術も、1秒24コマのフィルムで撮られていたのが今はほとんどデジタルになってきてしまったんですけど、僕はカメラが好きなので、つい最新のカメラの仕様とかを調べてしまうんです。その上で「スタンリー・キューブリックの『シャイニング』のトーンを出したいから、デジタルだとあのカメラであのレンズ…」とか言うと、「うるせえ」とか言われるっていう（苦笑）。でも、そうやって勉強してちょっかいを出してる方が、結果的にカメラマンと仲良くなるんですよね。

宮本　そうですよね。あと、僕の場合は時期的にもラッキーだったと思います。さっきも言いましたけど、コンピュータの黎明《れいめい》期だったのと、ファミコンというワンハードでのお題コンテストみたいなものだったので、「この機械とこのメモリーサイズでベストなゲームを作る」と目標もはっきりしていました。つまり、「白いキャンバスがあるから、あなたの好きなものを描きなさい」と言われてもまったく手が出ないけど、この範囲においては絶対に他では誰もやっていないだろう…みたいなことから始めることができたわけです。そういう意味で今の人たちは白いキャンバスを前にして、自分が得意な画材もはっきりしていない状況で始めないといけないから、大変ですよね。

『スーパーマリオ』の背景を空色にした理由は？

川村　宮本さんに会ったら聞きたいと思っていたんですけど、それこそ『インベーダーゲーム』とか『ドンキーコング』とか、背景がずっと黒じゃないですか。なのに、『スーパーマリオ』のときにいきなり空色が入ってきたのは、どうしてなのかなと。

宮本　当時、使える色が60色くらいあって、そこに空色が入っているのはわかっていました。ただ、昔の解像度で背景に青をもってくるとキャラクターがぼけるから、ものすごくこだわって描いている絵でもあるし背景は黒でしっかり締めたかったのと、ゲームをして目が悪くなったと言われるのもいやで、ずっと拒んでいたんです。でも、『スーパーマリオ』はファミリーコンピュータにディスクシステムをくっつける前の、本体だけで動く最後のゲームとして出そうとしていて、「ある意味でお祭りでもあるし、派手にいきましょうか」ってことで、空色になりました。

川村　今までのゲームでは背景が黒だったのが、空色という比較対象ができたことで暗闇になったというか、「色を変えただけなのに、なんだろうこの感じ」っていう当時の驚きは、今でも覚えています。

宮本　僕も空色の世界から暗闇にした土管にスーパーマリオがぽとっと落ちたときに、急に寒さみたいなものを感じてぞくぞくっとしたのを覚えています。それで「この感じをもっと生かさないともったいない」ってことで演出が高じたのが『ゼルダの伝説』で、音で何か足せないかとか、いろいろやってみたりしましたね。

川村　確かに、ゼルダのジングルを初めて聴いたときは、震えましたね。

宮本　それまではファミコンのボードに直打ちで打って出る音しか使えなかったのが、ゼルダの頃はサンプリングに近いこともできるようになったので、そのへんの音をかなり使っていて、近藤浩治という任天堂のサウンドディレクターとべったりやりましたね。効果音は、作ってもらったサンプリングを一通り聴いて、「このシーンにはこの音」みたいなことをやったりして、すごく楽しかったです。音楽というのは素晴らしくて、それだけで人の気持ちを作ることができるんですよね。

川村　『告白』という映画を一緒に作った中島哲也監督も「人の感情を動かすのは、映像よりも音」とよく言っていました。

宮本　ただ、ゲームの音の付け方はちょっと特殊で、レースゲームでも「ゾーン」というアクセルのリアルな音より、異質な音が入った方がいいんです。あり得ない音をどう奔放に混ぜるかっていう部分が、ゲームではけっこう楽しい。

川村　宮本さんがすごいのは理系に踏み込んだ上で技術の発明だけでなく、そこに文系のジャンルでもある色や音へのアート的なこだわりを加えたことだと思います。

宮本　あと、ネーミングもかなりやりましたね。

川村　そこはどんなセオリーを持たれていますか？

宮本　「まぁ、悪くないんじゃないですか」というのはほとんどだめで、最初は反対意見が多いものの方が実際に売れたりするものだと思います。普通じゃないというのが大事なんじゃないですかね。

スマホが登場し、ゲームはこれからどこに向かう？

川村　宮本さんが1981年に初めて手がけた『ドンキーコング』から30年以上が経って、ファミコン時代にいろんなことをやりくりして生み出したシンプルなゲームの面白さを、すべてがハイスペックになって何でもできてしまう今の業界で再現することは、やっぱり難しいんでしょうか？

宮本　スマートフォンでほとんどのゲームができてしまうんじゃないかっていう脅威がある一方で、ゲーム文化全体はというと、専用機がどんどん高性能になって、世の中とはあまり関係のない豪華で高価なものに進化してしまったのかなと。だから、スマホのおかげでゲームがまた日常に落ちてきたとも感じていて、例えば「ファミコンの頃の方がよかったよね」っていうゲームを今作っても遊んでくれる方はいるし、かえって人口が多かったりもするんだと思うんです。つまり、作る方も「自分はどのあたりの層を押さえてやるのか」が選べるようになったという意味では、悪くない方向に動いていているんじゃないですかね。

川村　映画も誕生して１２０年くらいになりますけど、一切ＣＧを使わないでアカデミー賞を獲る人もいれば、全編ＣＧで作る人もいて、両方にニーズがあります。

宮本　僕は映画のことはあまり詳しくないんですが、日本だと基本的に劇場とテレビ放送でしか観ることができない印象があります。ただ、たまにヨーロッパの素敵な短編なんかを観て「これはどこで売っているんだろう」と思って、コアなお店に行ってＤＶＤなんかを見つけると、新鮮なんですよ。例えばゲームでも、そういう枠にはまらないものをもっと作りたいですね。

川村　今はＹｏｕＴｕｂｅなど流す場所もたくさんありますしね。

宮本　『ピクミン』のムービーを作ってみたのは、ＹｏｕＴｕｂｅみたいな出口はまだ増えるし、任天堂としても出口を持つようになってきて、放送するとなってもテレビ局に相談に行かなくていいと思ったからです。実際、『ピクミン』では３Ｄアニメーションの一つの販売方法として３ＤＳを打ち出しています。

作ることと、目立つこととのバランスをどう考えますか？

川村　任天堂は糸井重里さんの企画で『ＭＯＴＨＥＲ』（※１９８９年に発売されたロールプレイングゲーム）を作ったり、新しいゲームを作ってきた印象もあります。

宮本　糸井さんのときは、僕はプロデューサーとしてサポートに徹しました。彼が「一緒にブレインストーミングしようよ」みたいなときは参加しても、引っ張っていく役にはならないようにしました。あの時期に「プロデューサーといっても、いろいろな役割があるんだな」ということを経験できたのはよかったと思います。もうちょっと若いときにやっていたら、糸井さんとやるってことに舞い上がって、マスコミにも転がっていたと思うので。

川村　確かに宮本さんは世界トップのゲームクリエイターなのに、極端にメディアへの露出が少ないですね。

宮本　売るときに出ていくのはいいんですけど、作ることが自分の名前ありきになってしまうと、何か追われるみたいに作るようになってしまうんじゃないですかね。

川村　「宮本さんが作ったゲームだから買った」じゃなくて、「遊んできたゲームを作った人を調べてみたら、全部宮本さんだった」みたいな仕事のあり方は、僕も一番理想とするところです。

宮本　「スーパーマリオの人が」って書かれるのが、いやなんですよね（苦笑）。

川村　いいものを作ることと目立つことは違うものであって、宮本さんは自分より作品が前に出ていった方が得だってことにもトライされているんだなと思います。あと、お伺いしたかったのは、宮本さんでも「世界に向けてやるぞ」と意気揚々と思っていた時期はあるんでしょうか？

宮本　そういう意気込みは昔からまったくないんです。最初の『ドンキーコング』を作るときだけはアメリカで売るのを前提に作っていたのと、僕もすごくアメリカに憧れていた。だけど、実際にアメリカで売れてしまったら、人間の生理的なところを体感できるゲームを作れば、それがユニバーサルだと思うようになりましたね。

川村　日本人だろうが、アメリカ人だろうが、ヨーロッパ人だろうが、生理的に気持ちいいことはそんなにずれないだろうと。

宮本　変にどこかの国の個性を入れすぎても、逆に他の国で売れなかったりしますよね。あと、僕は任天堂本社がある京都で暮らしていて、昔は「東京はすごいんだろうな」とか「東京でいろんなイベントを見なあかんよな」とかいう東京へのコンプレックスがあったんですけど、一緒に仕事をしたときの糸井さんが自然体で、それ以来「どこの場所からというより、ぶれない個人として発信することが大事なんだな」と思えるようになったのはラッキーでした。その後、いろいろなゲームを海外で売るようになって「東京を意識して作らなくてよかった」と思うことが何度もありました。

川村　とても説得力のあるお話です。

宮本　だから、日本で流行っているものと組まない方がいいと思うようになりました。組むこと自体は悪いことじゃないんだけど、組んでしまったがために海外に出すときに作り直さないといけなくなると、とんでもない労力がかかります。例えば教会を描くときも「たぶん教会なんだろうな」と世界中の人が思えるようにして、宗教色は出さないのが大事です。

ここからの具体的な野望はありますか？

川村　宮本さんはここからどんな野望がありますか？

宮本　将来は何をしているかわからないです（笑）。ただ、グーグルアースに先にやられてしまいましたけど、航空写真を丸ごと貼り付けた地球儀みたいなコンテンツを、3Dとかデジタルの技術を使ってやりたいっていうのはずっとありました。そういう意味では今のグーグルアースもインターネットの技術があって出てきたもので、ハードの進化を待ってまだまだできる領域は山ほどあって、自分がどれに手をつけるのか、見えていないところがあります。

川村　ハードから生まれるソフトもありますもんね。

宮本　目先の話で言うと、ＷｉｉＵを家のリビングで使ってほしいと思っていて、大きなテレビがあって、小さいテレビとしてのタブレットがあって、どっちかで遊ぶこともできるし、両方を使って遊ぶこともできる状況を作りたいなと。今、ＷｉｉＵを使ったゲームもいろいろと作っていて、『スターフォックス』（※１９９３年に発売されたシューティングゲーム）を久しぶりにリメイクしたりもしています。

川村　本当ですか？　僕の周りにも「スターフォックスを映画にしたい」というクリエイターが何人かいますね。

宮本　海外でも『スターフォックス』を下敷きに人形のアニメがゲリラ的に作られたり、けっこうホットなんです。それに、もともと『スターフォックス』は、『サンダーバード』の後にやりませんか？」とイギリスの放送局とかから声をかけてもらえんかなと妄想して、ラブコールのつもりで作ったんです。でも、何もリアクションがなくて、僕らとしても「だったら、そのうち人形アニメでも作ってみようかな」と思っていたくらいで。

川村　僕は『スターフォックス』は、映画でなく、テレビシリーズで観たいですね。それこそ『サンダーバード』みたいなやつで。

宮本　オンラインストリーミングのようなサービスが出てきたので、テレビシリーズも出口が増えて、作りやすくはなりましたよね。

川村　実現する日を楽しみにしています！

（2014年9月　京都・南区の任天堂にて）

復習

京都駅八条口からタクシーで10分。真っ白な正方形で囲われた、ビットの集合のような巨大なビルが姿を現す。ここが世界中のゲームファンを虜にしてきた任天堂の本拠地かと息をのむ。

『ドンキーコング』『スーパーマリオ』『ゼルダの伝説』から『ピクミン』まで、宮本茂は天才的な発想力で京都から世界へとゲームを発信し続けてきた。

「僕はずっとプログラマーに教えてもらいながら、こちらからもプログラマーに提案をして…というスタイルでやってきた」

理系と文系が交錯するゲームという戦場で、アーティストだった宮本茂はプログラムを学び、技術者を説得し、時にちゃぶ台をひっくり返しながら「面白くて気持ちのいいゲーム」を作り世界を驚かせてきた。

「予定調和で作ったものより、積み上げていきながら、アンバランスなんだけど何とかバランスが取れそうといったところでまとめた方が、面白いものになる」

朗らかな関西弁で話す彼の姿に、文系と理系をのみ込んだクリエイターだけが到達できる極みを感じた。いまやスマホでゲームをやる時代。「ゲームがまた日常に落ちてきた」と語るゲームの天才は、次にどんな世界を見せてくれるのだろうか。別れ際、任天堂のエントランスにてDSで遊びながら一緒に写真を撮った。疲れていたはずなのに、気付いたら子どものように笑っていた。やはり宮本茂のゲームには、万人の童心に響く魔法がかけられているようだ。

理系004　宮本茂さんの教え

ゲーム作りでは、土壇場まで修正を入れる。予定調和で作ったものより、積み上げていきながら、アンバランスなんだけど何とかバランスが取れそうといったところでまとめた方が、ずっと面白いものになる。

無理矢理な課題に付き合ってもらえる理系の技術者がいることも大前提。例えばプログラマーはバグを出さないことに責任があるけれど、彼らにどう納得してやってもらえるかが大事。

音楽というのは素晴らしくて、それだけで人の気持ちを作ることができる。

スマホさえあればほとんどのゲームができてしまうんじゃないかっていう脅威がある一方で、ゲームがまた日常に落ちてきたとも感じていて、作る方も「自分はどのあたりの層を押さえてやるのか」が選べるようになったという意味では、悪くない方向に動いている。

商品を売るときに自分が出ていくのはいいけれど、作ることが自分の名前ありきになってしまうと、何か追われるみたいに作るようになってしまう。

人間の生理的なところを体感できるゲームを作れば、それがユニバーサルになる。

理系005

メディアアーティスト

真鍋大度

世界的なメディアアーティストは、
プログラマーでアーティストでハッカー。
実験とプログラミングの
無限のトライ・アンド・エラーの先に、
驚愕の「精度」と「表現」が生まれる。

メディアアーティスト

真鍋大度

DAITO MANABE

1976年東京都生まれ。2000年東京理科大学理学部数学科卒業後、大手電機メーカーにSEとして入社。ウェブ・ベンチャーを経て、02年情報科学芸術大学院大学(IAMAS)に入学。06年にRhizomatiks(ライゾマティクス)、08年にハッカーズスペース4nchor5La6(アンカーズラボ)設立。10年よりPerfumeの演出サポートを担い、ディレクションを担当した「Perfume Global Site Project」はカンヌライオンズ国際クリエイティビティ・フェスティバルのサイバー部門で銀賞を受賞(13年)。14年にはApple社のMac誕生30周年スペシャルサイトで"Appleに影響を与えたキーパーソンの一人"に選出されるなど国際的な評価も高い。

©Kosuke Mae

Perfumeに関わるようになったきっかけは？

川村　真鍋さんが演出サポートをされているPerfumeには、僕が作った映画『モテキ』のミュージカルシーンで森山未來くんと一緒に踊ってもらったんです。そういうこともあって、真鍋さんには以前からPerfumeファンとして、シンパシーを勝手に抱いていました（笑）。

真鍋　なかなか、いいシーンでしたね（笑）。

川村　あれを撮った大根仁監督や僕は、Perfumeの肉体性みたいなものに興味があったんです。でも、真鍋さんは彼女たちをグローバルに向けたプロジェクトのキャンバスとして見ているところがあって、身体にプロジェクションマッピングをしたりして、真逆のアプローチをされているなと。彼女たちのステージ制作に参加することになったきっかけは何だったんですか？

真鍋　もともとPVのファンで、ライブを観に行ったら、今でこそ一般的な「映像の前でパフォーマンスをする」みたいなことをいち早くやってたんですよね。それで「自分が今やってることは、Ｐｅｒｆｕｍｅでやるのが絶対に相性がいい」と思ってあれこれプレゼンしていたんです。

川村　自分から売り込んだんですね。

真鍋　でも、僕も無名すぎたし、アイデアも先に行きすぎていてぜんぜん話が進まなくて。そうしたら3年くらい経って、彼女たちが東京ドームでライブをするってときに「何か新しいことをやりたい」と思っていたＰｅｒｆｕｍｅの演出振付家のＭＩＫＩＫＯ先生から声をかけてもらったんです。そこからウェブサイトやアプリ、ライブの中で変わった演出をやる手伝いをさせてもらうようになりました。

川村　Ｐｅｒｆｕｍｅは僕みたいな物語がベースにある文系人だけでなくて、テクノロジーやアートを専門にする真鍋さんのような理系人にとっても「表現の対象」となる存在だということが、稀有なユニットだと思います。

プログラミングの仕事で抜きん出るにはどうすればいい？

真鍋　Ｐｅｒｆｕｍｅに関しては、かなり前からファンの人たちがニコ動で「アイマス」（※アイドル育成ゲームの「アイドルマスター」）や初音ミクに彼女たちの曲を踊らせるみたいなムーブメントも存在していました。僕はそういう二次創作のカルチャーが好きで、個人的にずっとウォッチしてきたところがあって。

川村　真鍋さんって、まさにウォッチしたり実験したりで、全然寝てないイメージがあるんですけど（笑）。

真鍋　三徹くらいしかできないですよ（笑）。

川村　すごい。僕は最近、一徹もキビしいです（苦笑）。

真鍋　プログラムはアイデアを出すところまでは時間がかかっても、実装するとなると、そこからは持久力のスポーツみたいなものなんですよ。どれだけ寝ないで早く終わらせられるか…みたいな。あと、僕はけっこう粘る方なので、踏ん切りが悪いというのもあるんですけど。

川村　プログラムの仕事は、どの部分を一番粘るんですか？

真鍋　一つは「精度」の部分です。映像と連動させる手の位置を検出するみたいなことをカメラでやろうとすると、場所やライティングの環境によって手の見え方が違ってくるので、調整して精度を上げれば上げるほど、よくなるんです。

川村　なるほど。

真鍋　もう一つは「表現」の部分で、そこは正解がないので無限にやれてしまう。手を動かすと絵がパッと出るみたいなことでも、飛び散る粒のスピードとか動きの軌道というのは無限のパターンがあって、特にプログラムの場合は「なんとなく、こうなるかも」と思って作っても実際は違ったりして、トライ・アンド・エラーを繰り返すことが必要だったりします。考えていることのアウトプットが、ペンで絵を描くほど直結していないっていう感じですかね。

川村　その「表現」の調整を延々とやってるわけですね。

真鍋　ライブとかだと会場にお客さんが入ってからもやってますね。なかなか正解がないので。

学生時代にどんなことをしていましたか？

川村　プログラムを使っての表現には、いつから興味を持つようになったんですか？

真鍋　小学生の頃にゲームに出会ってからですね。数学に興味を持ったり、プログラムを作って何かを動かしたいって思ったのも、ゲームがきっかけです。

川村　どんなゲームをやってましたか？

真鍋　小学校1年のときにアメリカに住んでたんですが、よく家庭用ゲームの「ATARI」をやってました。その後は父親が持ってた「MSX」（※1983年に発売されたマイクロソフトとアスキーによるパソコン）とか、「PC-8801」（※81年に発売になったNECによるパソコンのシリーズ）を買ってもらって。ちょうど「BASIC」が流行ってる頃で、専門誌を買ってプログラミング言語を写経してました。それで自分でゲームを作っているような感覚に陥ってたというか。

川村　お父さんも数学系だったんですか？

真鍋　それがバリバリのミュージシャンで、プロのベーシストだったんです。母はヤマハで働いていて、音楽一家の中で育った感じですね。

川村　音楽の道に進もうとは思わなかったんですか？

真鍋　大学では数学科に進んだんですけど、単に数学しかできなかったんですよ（笑）。でも、朝から晩までストイックに、ひたすら紙と鉛筆だけで数学をやるみたいなノリについていけなくて、途中から勉強しなくなりました。あと、それこそ親の影響というよりはモテたい一心で高校時代からDJを始めていたので、大学1年の時なんかは六本木のクラブで、週5ペースで回してましたね。

川村　数学ができて音楽もできる人なんて、僕の周りにはあまりいなかったです。ちなみに、そこからどういう流れでライゾマティクス設立に至るんですか？

真鍋　数学をやっていて音楽好きな人って、プログラムで音楽が作りたくなるんです。でも大学の卒業当時は、数式から音を作って、それを格好いい音楽にするツールも環境も整っていなかったし、自分も専門的な知識がなく、ほとんど何もできなくて。だから、大手の電機メーカーにＳＥ職で新卒入社したんですけど、時代はＩＴバブル全盛で、後にライゾマティクスを一緒に立ち上げた大学時代の友人が就職してたウェブ・ベンチャーに誘われたので、メーカーは1年足らずで辞めちゃいました。

学生時代の実験がすべてのベースになっている？

真鍋　でも、すぐにバブルが弾けてそこも半年で辞めて、真剣に悩んでいるときにメディアアートの学校があると知って、そこに入ったんです。岐阜の「ＩＡＭＡＳ（情報科学芸術大学院大学）」ってところなんですけど、実際に入学したら、18歳の高卒の女の子から東大を出て先生をやってた50歳のおじさんまで、みんながプログラムを使って実験したり、アートとデザインとサイエンスを融合して自由に作品を作ってて。

川村　音楽の課題もあったんですか？

真鍋　「インターネットのネットワークの構造を利用した音楽を作りなさい」みたいな不思議な課題はありましたね。ちなみに、もう10年以上経つのに、僕が今やっていることのほとんどは、当時の経験がベースです。

川村　今につながる転機となる学生時代だったんですね。

真鍋　卒業後も片っ端から実験をやってたんですが、そのうちメディアアート的な考え方で、ショールームやライブのインスタレーションの仕事をするようになりました。それと並行してウェブとリアルをつなげる広告プロジェクトも増えてきて、そのへんの仕事をやっていた大学時代の仲間2人と作ったのがライゾマティクスです。

川村　ようやくプログラムが仕事になったと。

真鍋　そうなんです。ただ、当時は僕だけぜんぜん食えてなくて。ライゾマティクス設立から5年間は、家もなかったのでオフィスに寝泊まりして、することもないからよくわからない実験ばかりしてましたね。でも、他の2人が広告の仕事をやっていて、会社を作ってからも「面白いことをやっていいよ。そのうちお金になるから」と言ってくれたんです。今思うと、いいポジションでやらせてもらえたと思っています。

川村　その後、真鍋さんのブレイクスルーは、2008年にYouTubeで公開した電気刺激装置を使って自分の表情を電気信号で動かすという衝撃の映像（※「Electric Stimulus to Face」）になりますね。あれは僕もすごく印象に残ってます。

真鍋　ちょうどその頃、YouTubeが出てきて、実験した映像をアップするようになったんです。あれに関してはある日「ヤバイ、100万ビューもいってる」みたいな感じで、いきなり注目を浴びてびっくりしました。ほとんどが海外で見られてて、急にCNNの取材が来たり、ディスカバリー・チャンネルで取り上げられたりして。

川村　ユーチューバーの先駆けですね（笑）。

真鍋　それまではmixi日記に書いたものを友達が見るみたいな感じで、せいぜい150ビューみたいな状況だったんですけど（笑）。

日本のメディアアートの現状をどう見ていますか？

川村　最近はどんなものをアップしてますか？

真鍋　人工知能系ですかね。プログラム上のロボットに今までのヒップホップ曲を全部覚えさせて自動で韻を踏めるように学習させたり。ツイッターのトレンドを見て、それに合わせて韻を踏んでいくみたいなものを作ったりしてます。

川村 人工知能ラッパーですか。面白いなぁ。

真鍋 あと、マーケティングに使われるビッグデータを、数学的記号として抽出して、音楽やアートにするみたいなことも実験したり。

川村 それってビッグデータへの痛烈なアンチともいえますね（笑）。アーティストというより、ほとんどハッカーみたいな行為ですよ。

真鍋 ハッカーといえば以前にセルビアのハッカー・イベントに呼ばれて、キーノートスピーチをしたことがあります。ハッカーって世の中的にはネガティブなイメージですけど、ネットワークをハッキングするのも「セキュリティが今のままでは危ない」ってことを証明するためにやってたりするんで、正義感が強い人が多いんです。

川村 正義のハッカーですか。

真鍋 ハッカーだけでなくて、デザイナーやリサーチャーもいて、グーグルもアップルもサムスンの人もいて、世界的なアーティストも来てましたね。

川村 そういう場所で世界をリアルに感じている真鍋さんから見て、日本のメディアアートの状況はどうですか？

真鍋　なんだかんだ日本は作っているものが面白いと思いますけどね。海外の人たちが作るようなものは、すごいけれど思いつく範疇のものが多い。でも、日本のニコ動で行われているようなことは、海外でもよく紹介するんですけど、かなり独特なんじゃないかって思います。関わってる素人の熱量とか、こだわり方が半端ない。ツイッターの使い方とかも、日本だけがちょっと変わっている。

川村　ああいうのもアートだと思えた方が、前向きでいられますよね。

真鍋　そう思いますね。狙って作ったっていうより、自然発生的に生まれているというのが、いいですよ。

昔のゲームにあって今のゲームにないものは？

川村　こうして話していると理系文系の違いこそあれ、考えていることは決して遠くない気がします。例えばさっき話に出ましたけど、真鍋さんとゲームを作ったら楽しそうです。

真鍋　いいですね。ゲームは本当に好きで、最近は昔のゲーム機も買い直したりしています。世の中的にちょっといやらしいゲームが増えているのも気になっていて、もう少し素朴で楽しいものが欲しいです。

川村 僕も『オセロ』とか『テトリス』とか、シンプルだけど普遍的なゲームが欲しいなと思ってるんですよね。

真鍋 『テトリス』はまさにロシアの科学者が作ったものでしたよね。

川村 あれは「ロシアの宇宙飛行士もやっていた」という背景もあって、ゲームをプレイする自分がすごいことをしている気分になれるのもいいですよね。シンプルなゲームにも、そういうある種のストーリーが必要なんじゃないかなと思います。『スーパーマリオ』もピーチ姫を救うというミッションが設定されていたのが、実は重要で。ゲームがよかった時代って、数学に根ざしたゲームのシステムと、背景にあるストーリーの噛み合わせが抜群でしたよね。

真鍋 確かにもっといろんなストーリーがあっていいし、ゲームは理系と文系でチームを作ってやるのは、アリですね。僕はストーリーは得意じゃなくて、そこは誰かに作ってもらいたいんですよね。

川村 今度、ゲーム合宿やりましょうか。

真鍋 いいですね。三徹で、一個ゲームを作るっていう（笑）。

川村　そこはさっきも言いましたけど、僕、一徹が限界ですから（笑）。

ARにも注目している？

川村　今、やっていて面白いのは、どんな実験ですか？

真鍋　ドローンはもうやり尽くしてしまった感があります。マニュアルに書いてないような機能や、安全装置とかも自分たちで実装して付けて、Ｐｅｒｆｕｍｅの舞台の演出にかなり使ったんです。でも、ドローン自体が世の中的にすっかり悪者になってしまったような気もして。

川村　確かにテロとかに悪用されるイメージが付いてしまいましたよね。

真鍋　人工知能のディープラーニング（※117ページを参照）にしても、そのうちオレオレ詐欺の電話をかけるようになったり、フェイスブックの書き込みから口調や特徴を抽出してスパムメールを送ることも可能ですし、悪いイメージが付くのは時間の問題だと思います。

川村　どうしても悪用する人は出てくる。

真鍋　あと、今のディープラーニングはスピードがまだ遅すぎますけど、5年とか10年経つとリアルタイムでいろいろなことができるようになる。自分に関係のあるところだと、ライブのPA（※音響システム）や照明は自動化が進むでしょうね。

川村　人間が予想していなかった問題が絶対に起こってくるでしょうね。

真鍋　ホーキング博士は「人工知能は人類を滅亡させる危険性がある」と言っていますけど、あながち嘘じゃないと思いますね。僕らは人工知能の意外な使い方をアートプロジェクトやエンタテインメントとして発表するわけですけど、誰でも使えるようになったら、悪いことに使う方がお金儲けもできるだろうし、ずっと簡単ですよ。

川村　真鍋さんはお金儲けには興味がないんですか？

真鍋　ドローンもある程度やり尽くしたら、ビジネスの話ばかりが来るようになってしまったので、今は電動車椅子の開発をやっていたりします。グーグルが無人の自動運転車の開発をやっていますけど、2020年の東京オリンピックまでには空港から会場までを自動運転で走る車が出てくるんじゃないですか。

川村　でも、真鍋さんは、ビジネスとしてでなく、あくまで実験としてやっているわけですよね。

真鍋　「演出でドローンを使いたい」とか「サービスそのものをまるっと買いたい」

というビジネスのお話もありがたいんですが、リスクと難易度が高すぎて引き継げないという問題があるんです。もし引き継げたとしても仕事の仕方が変わってきてしまうし、理想としてはやっぱり、新しいことをやっていきたい。だから、基本的にうちのチームは自転車操業ですよ（苦笑）。

川村　真鍋さんのチームは、どんなスキルの人が集まっているんですか？

真鍋　それこそ全員ハッカーみたいな感じで、僕なんかよりもすごい専門家が多いです。もともとソニーでAR（※拡張現実。人が知覚する現実環境を、コンピュータなどにより拡張する技術のこと）の技術を開発した人もいて、メーカーでやっているような研究のレベルか、それ以上のクオリティでやっています。

川村　ARは面白くなってきてますよね。

真鍋　最近『border』という新作のダンスパフォーマンスを発表したんですけど、観客はステージの上でヘッドセット型のバーチャルリアリティ・ディスプレイを装着して、コンピュータで制御された電動椅子に座るんです。ダンサーが踊り始めると、観客が装着したディスプレイの中にバーチャルのステージ空間が広がって、その映像と重ね合わされたARを椅子ごと動き回りながら観賞するっていう。

川村　実は僕、こっそり参加させていただいたんです。

真鍋　そうなんですね。どうでした？

川村　完全にバーチャルとリアルの区別がつかなくなる世界に迷い込んだ気がして、衝撃を受けました。

真鍋　うれしいです。まさに「普通のステージじゃなくて、なんか新しいことをやりたいね」ってことで、MIKIKO先生と彼女のダンスカンパニー「ELEVENPLAY」と作った実験的な舞台です。

人工知能にやらせてみたいことは？

川村　ちなみに、人工知能にストーリーを作らせるのは、難しいんでしょうか？

真鍋　最後までなかなかできないというか、かなり難しいと思います。シェークスピアを読ませて、適当に打ち込んだものをシェークスピアの物語風にさせるまでになるのは、まだかなり先かなと。

川村　人間の脳は、自分の予想に反したり、見たことがない展開に感動するようにできているので、そういうストーリーまで人工知能が再現できるようになったら、もうお手上げな気がします。

真鍋　そのうち人工知能で映画が作れてしまうかも。

川村　そうかもしれません。しかも真鍋さんの作る世界は技術的にもすごいけど、それ以上に映画に最も大切な生理的な気持ちよさがあるんですよね。宮崎駿監督が「ポニョが波の上を走っていく」という誰が見ても気持ちいいシーンを手で描いているとするなら、真鍋さんはプログラムでその快感性を追求している。だから、真鍋さんの人工知能が作る映画ももしかしたら、すごい傑作になるかもしれませんね。

真鍋　どうなんでしょうか（笑）。ちなみに自分に来たインタビューとかも、もう少ししたら人工知能に答えさせようと思っているんですけど、どう思いますか？　小学校時代のこととかは何度聞かれても、同じ話でしかないので。

川村　さっき小学校時代の話を思いきり聞いてしまった…。後日僕が改めて真鍋さんにインタビューするとなって、「今日は僕の代わりに人工知能が対応します」って言われたら、かなりショックです（笑）。

（2016年1月　東京・渋谷のライゾマティクス本社にて）

復習

マンションの一室にあるオフィスに入ると、そこは本と「謎の機械」が溢れるカオスだった。「プログラムは持久力のスポーツみたいなもの。どれだけ寝ないで早く終わらせられるか」と真鍋大度は語る。数学で美しいものを描くため「精度」と「表現」にぎりぎりまでこだわる。三日徹夜は当たり前という生活。

いまやＰｅｒｆｕｍｅの映像演出から、華やかな広告までを手がけるライゾマティクス。その中心人物の彼も、設立から5年間は、オフィスに寝泊まりして、実験に明け暮れていた。そして２００８年に「自らの表情を電気信号で動かす」衝撃の映像でブレイク。世界中から注目されるメディアアートの寵児となった。

プログラマーでアーティストでハッカー。一躍有名になっても、彼の実験精神は変わらない。ドローンをライブ会場で飛ばし、白い衣装に映像でデザインを描き、コンピュータにラップを歌わせる。この世界の違和感やオモシロを僕らが「物語」で語るとしたら、真鍋大度は「数学」で語る。そこには本来の芸術家が持つべき社会に対する批評精神と、少年のような原始の遊び心が共存している。

1年半後、彼の新しい仕事場を訪ねた。恵比寿の線路沿いにある、巨大なオフィスビルに戸惑った。けれども中に入ると、そこは「工場」そのもので、カオスな空気は変わらず残っていた。久しぶりに会った彼は「自分に来たインタビューを、人工知能に答えさせたい」と語った。変わらない彼の実験精神と、「謎の機械」で溢れる仕事場を見て、次はどんな「ハック」が起こるのか楽しみになった。

理系005　真鍋大度さんの教え

プログラムの仕事は「精度」を上げれば上げるほどよくなるのと、正解がない「表現」も無限にやれてしまう。考えていることのアウトプットがペンで絵を描くほど直結していないので、トライ・アンド・エラーを繰り返すことが必要。

卒業して10年以上も経つのに、今やっていることのほとんどは、岐阜の「IAMAS」に通っていた頃にやった経験がベースになっている。

なんだかんだ日本は作っているものが面白い。狙って作ったっていうより、自然発生的に生まれているというのがいい。

僕らは人工知能の意外な使い方をアートプロジェクトやエンタテインメントとして発表しているけれど、誰でも使えるようになったら、悪いことに使う方がお金儲けもできるだろうし、簡単。

理想としてはやっぱり、新しいことをやっていきたい。

東京大学大学院准教授 人工知能研究者

松尾 豊

「ディープラーニング」を駆使する
人工知能のトップランナーは、
製造業や農業など
オフラインの世界での
人工知能の活用で世界に挑む。

東京大学大学院准教授 人工知能研究者

松尾 豊

YUTAKA MATSUO

1975年香川県生まれ。97年東京大学工学部電子情報工学科卒業。2002年同大学院博士課程修了、博士（工学）。同年産業技術総合研究所研究員、05年スタンフォード大学客員研究員を経て、07年より現職。14年より東京大学グローバル消費インテリジェンス寄附講座（※データサイエンティストの育成やビッグデータ分析に取り組みながら企業や経済産業省とも協力し、産官学の連携で最高マーケティング責任者の育成を目指す）主宰。人工知能学会論文賞（02年）、情報処理学会長尾真記念特別賞（07年）、ドコモ・モバイル・サイエンス賞（13年）受賞。著書に『人工知能は人間を超えるか ディープラーニングの先にあるもの』（角川EPUB選書）ほか。

「ディープラーニング」って何ですか？

川村　人工知能のここ数年での発達は、文系の人間から見ても、決定的に未来を変える気がしています。初歩的なことから聞きたいんですが、まず人工知能の定義って何ですか？　プロ棋士に勝利した将棋のプログラム、無人掃除機のルンバ、ｉＰｈｏｎｅの音声アシスタントのＳｉｒｉとかも、人工知能の産物になるんでしょうか？

松尾　はい。人工知能であるとするのが一般的ですが、定義という点では言葉をしゃべれるとか、予測能力が高いとか、身体を動かせるとか、研究者間でも解釈が違っています。だから、何が人工知能で何が人工知能じゃないかというより「知能のレベルがどのくらい高いか」ということに注目すべきだと思います。そして特に今、人工知能の世界で技術的に注目すべきなのが「ディープラーニング」です。

川村　「ディープラーニング」は限りなく人間に近い自己学習型の人工知能とも聞きました。詳しいところを教えてもらえますか？

松尾　人間の脳神経細胞をモデルにした〝ニューラルネットワーク〟という仕組みを

多層化したものなんです。画像に映っているものが猫か犬か、コーヒーカップか湯のみか……といったことを当てるタスクですが、近年になって、その画像認識の精度が大きく向上しました。

川村　フェイスブックなどで誰の顔かを認識する、みたいなことですよね。

松尾　そうです。例えば人間が何かを見て、それが猫だと認識する際には、特徴を抽出して見分けている。これがコンピュータは大変苦手でした。ところが、ディープラーニングでは画像や映像などに映っているものの特徴を自動的に獲得することができるようになった。層を重ねることで、ニューラルネットワークの下の層では線や点のような簡単な特徴を、上の層ではその組み合わせとして丸や四角のような形を、もっと上ではより複雑な特徴を抜き出すことができるようになったわけです。

川村　層を組み合わせることで認識して、見ているものが何か、答えを出すわけですね。とても人間らしい脳の動きだと思います。ディープラーニングの台頭で、人工知能がいよいよ人間に近づいてきた感覚がありますね。

松尾　2015年2月には人類史上、歴史的な瞬間がありました。これまでは画像認識でコンピュータが人間にかなうなんて研究者は誰も思っていなかったのですが、ついに認識の精度が人間を超えた。ディープラーニングでマイクロソフトが4・9％、グーグルが4・8%のエラー率を叩き出して、人間のエラー率とされる5・1%を抜いてしまったんです。

川村　人間の脳が人工知能に負けたんだ…。

松尾　はい。2013年くらいから各国で投資合戦が激化していて、まさに今回結果を出したグーグルやフェイスブック、他にも中国の検索エンジンサイトであるバイドゥなどが数百億から1000億円、アメリカやヨーロッパの政府も年間300億から400億円規模の投資をしてきました。エラー率で人間が負かされたのは、その賜物でもあると思います。

ディープラーニングは人間を超えていくのか？

松尾　ディープラーニングで画像認識が高いレベルでできるようになると、次は「身体能力の向上」「言語技術への適用」という順番で進化していきます。グーグルが400億円で買収したロンドンの人工知能開発ベンチャーで、ディープマインドという会社がありますが、「ディープラーニング」と「強化学習」を組み合わせて、ブロック崩しなどのゲームをプレイするプログラムを作った。強化学習とはスコアを報酬と考えて、それを得られるような動きを学習させることを指しますが、結果、プレイをしながらゲームのコツをつかんで自動的にハイスコアを出すことに成功しました。

川村　人間の子どもが自発的に何かに気づいて学習していく過程と、ほとんど一緒じゃないですか。

松尾　これまでも強化学習を使うことで人工知能はどんどん発達してきたんです。ただ、敵や球の位置を人間がプログラムに書き込んで指定しなければならなかった。その点、ディープマインドのゲームは画像だけ入れれば、あとは自動的にどこが重要かという特徴量を取り出し、状況を自ら認識してスコアを稼ぐようになる。

川村　すごいな。完全に動物の脳と変わらない。

松尾　これはディープラーニングが「画像認識の精度」を超えて、第2段階の「身体能力の向上」に進んでいることを意味しています。サルが天井からぶら下がっているバナナを取るために椅子を持ってきてその上に乗る……みたいなことはまだできませんが、反射神経という部分では動物で言うと犬や猫くらいのレベル、走っているうちに走り方がうまくなる段階まで、ディープラーニングの技術は発達している。

川村　人類の進化を再現しているようですね。まるでSF映画です。

松尾　２０１５年の５月にはカリフォルニア大学のバークレー校が同じ技術を使って、ロボットに片方の手に持った部品をもう片方の手で持った穴に差し込むという作業をやらせたところ、初めはうまくいかなかったのですが、試行錯誤しているうちに上達し、最後は毎回、正しく差し込めるようになりました。

人間は「人間」を作ってしまった？

松尾　他にも日本のＩＴベンチャーで、プリファード・インフラストラクチャーという会社がレーシングサーキットみたいなものを作って、実際のレースのように複数の車を用意して、各々の車に搭載した人工知能に運転を学習させたんです。アクセルやブレーキはあっても運転の仕方は全く教えず、「前に進むこと」をよしとする報酬だけを設定した。

川村　結果、どうなったんですか？

松尾　最初はどの車もモゾモゾしていて動けないし、どうやって運転していいかもわからずにいるんですが、試行錯誤を繰り返しているうちに最後はコツをつかんで、アクセルやブレーキを操作しながら、すべての車がサーキットを上手に回っていくようになりました。

川村 それは人間がついに「人間」を作ってしまったということになるんでしょうか？

松尾 その点に関しては、そもそも生命と人工知能は違うと思っています。その先にはまだ「言語技術への適用」という第3段階も残っていますし。

川村 言語に関してはディープラーニングはどのレベルにあるんでしょうか？

松尾 翻訳においては、言語を統計的に扱う技術は進んでいても、言語の本当の意味を理解する技術はまだまだこれからですね。

人工知能はどんな仕事を人間の代わりに担うようになる？

川村 松尾さんから見て、今後、僕たちの未来はどう変わっていくと思いますか？

松尾 人工知能の活用は大きく2種類に分けられると思っています。1つは「ビッグデータからの人工知能という流れ」です。販売やマーケティングのデータが取れるようになり、それを使う人工知能が作られるようになりましたが、実際は人間が裏で作り込んでいて、さらにはグーグルやフェイスブックやアマゾンなど外資系の企業が君臨していて、ここは日本企業の逆転は難しい。

川村　いわゆるＥＣサイトで出てくる「あなたへのおすすめ」みたいなやつですね。

松尾　はい。もう一つはまさにここまでお話ししてきた「ディープラーニングによる画像認識から運動能力、最後は言語処理につながる流れ」で、人間が裏で作り込まなくても自動的にやってくれて、ここは日本企業が得意とする製造業と相性がいいと感じています。例えば建設現場での各種作業や農業全般、外食業における簡単な調理や接客、工場での食品加工、スーパーやアパレルの陳列や補充、車の製造ラインの監視、警備や介護など、認識した上で身体を使う仕事全般に関しては、ディープラーニングの技術を使えば、かなりの部分を機械化できるはずです。そのうち建築ロボットがビルを建てる時代になりますよ。

川村　西洋人が人工知能ロボットの映画を作ると『２００１年宇宙の旅』とか『ターミネーター』とか、人間の敵というか、攻撃性のあるものとして描かれます。でも、日本人にとってロボットは『鉄腕アトム』や『ドラえもん』で、「ロボットは人間の味方であり家族」という思想のベースがある。そこも強みじゃないでしょうか？

松尾　確かに日本では人工知能やロボットと人間が共生する姿が描かれてきました。

それと、日本では人工知能研究が1956年頃から始まっていて、研究者の宝庫でもあるんです。今は第3次人工知能ブームといわれているんですが、第1次と第2次の時代を知っている上の世代の人の存在は、すごく重要だと思っています。日本という国は上の世代に理解してもらわないと、世の中が動きませんから。

これからの人工知能の活用においては日本人が有利？

松尾　あと、日本では人工知能のニーズが大きいのも追い風だと思います。この国は少子高齢化で労働人口が減る中で、生産性を維持していかないといけません。インターネットの世界では世の中のニーズをいかに捉えるかの勝負だったので、センスのいい人に有利でしたが。

川村　アメリカのIT企業に有利なわけですね。

松尾　そうなんです。でも今後の人工知能の発展においては、手段を向上させるということが主題になります。そこでは製造業の技術者が持っている理系的な知識や、コツコツとパラメータをチューニングする真面目さといった素養が生きてくる。他にもフェイスブックやグーグルを日本から生み出すのは日本語という言語的な問題もあって難しかったのですが、人工知能の場合、アルゴリズムで製品に組み込めますので、言語のハンディも少ない。

川村 オンライン勝負だとフェイスブックやグーグルには勝てないけど、オフラインの世界でコツコツと、いいテレビやいい自動車を作ってきた日本的なものづくりは、人工知能の活用次第で復権できるということですね。

松尾 はい。ものづくりの強みを核とした人工知能の研究開発が重要だと思いますね。

川村 日本は人工知能を味方につけてもう一度世界をリードできるんでしょうか？

松尾 ディープラーニングの世界でも優秀な研究者はフェイスブックやグーグルに集まっています。ところが、学会に行って彼らに話を聞くと「次はロボティクスなのはわかっている。でも、僕らには作れない」と言う。要するにプログラミングの方が得意で、ものづくりが苦手なんです。しかも彼らはフェイスブックにいる限り、建築や農業の世界には、触れることができませんから。

川村 人間と人工知能の棲み分けに関しては、どう考えていますか？

松尾 自己保存や種を増やしたい欲求を持つ「生命」と、目的を与えられて賢い振る舞いをする「人工知能」は混同すべきではないと思います。人工知能は作れても、命を作るのは難しいはずです。

川村　巷でもよくいわれていますが、人工知能は報酬の与え方次第では悪用されて、戦争の道具に使われてしまう危険性もありますよね。人工知能の未来を考えることは人間の倫理観や善意・悪意の話になっていく気がします。

松尾　そう思います。だからこそ人工知能が人間と両立する社会で、新しい未来社会をどう思い描くか。他国が軍事に利用しようとしたときに日本としてどう食い止めることができるか。一番大切なのは人間の正しい想像力や判断だと思います。

川村　ストーリーが必要ですね。

松尾　僕としては人工知能が社会のさまざまな実務をこなしてくれて、そこで生まれた時間を利用して人間は社会全体の運営を考えたり、思索を深めたりできるようになると思っています。ただ、確かに才能がある人によってちゃんと描かれたストーリーがないなとずっと思っていて、他にもどういう世界があり得るのか、僕もさまざまな可能性を知りたいところがありますね。

川村　世界や未来がどうなったらいいか…を決めるのは結局、人間なんですよね。

松尾　本当にここからは、いよいよ人間のセンスや力が試される時代になっていくと感じます。２０４５年には人工知能が人間を超えると予測する研究者もいますし。

人工知能にはない人間の知能とは何ですか？

川村　ただ、問題は「何をもって人間を超えるとするか」ということであって、認識力や運動能力は人工知能に確実に抜かれたとしても、何を美しいと思うかとか、何を言ったら人は笑うのかとか、共感するのかとか、そういう能力も抜かれてしまうものなんでしょうか？

松尾　人を笑わせるということは、僕はけっこう、人工知能でもいけるかなと思っています。特に一発芸的なものは、ディープラーニングがどんどん自分で試行錯誤しながら、精度を高めていくはずです。

川村　ロボット芸人とかが出てきたら、すごいですね（笑）。

松尾　たぶん出てくると思いますね（笑）。ただ、芸術的に美しいとか、人間の進化の過程でいろいろなパラメータとして作り込まれた部分に依拠する感情を人工知能が模擬するのは、すごく難しいと思います。

川村　僕が小説を書くときに自らに課していることなのですが、登場人物が自分でもわからない道に進む瞬間を描こうとしています。人間の心は予想していたことがその通りに起こっても、動かないものだと思うんです。がたっと予想が外れたときに、はっとしたり、笑ったり、感動するので。

松尾　それを人工知能にやらせるには「人の心はこういうときに動く」といったことを、かなり正確にシミュレートさせる必要があるように思います。人間を人工知能に観察させて「今は泣いている」「今は笑っている」という理解をさせて、「次は泣かせよう」という物語を書かせる。でも、それで泣かせることができるか、正直わかりませんが。

川村　できるかもしれませんが、ヒットしないと思います（笑）。そもそも人間でも「こういうふうにしたら泣けるし、ヒットするよね」と狙って作ったけど、全くヒットしないという過ちをしょっちゅう起こすんです。逆に「なんで、こんなものが？」という作品がヒットしたりするんですよね。でも、そこまでを人工知能に…。

松尾　やらせる必要がないですね。

川村　そうだと思います。つまり、人工知能の活用範囲を考えるということは、それ以前に「人間の知能とは何か」ということを見つめることで、これは限りなく「人間自体を知る学問」だという気がしますね。

英語もプログラミングも学ぶ必要がなくなる？

松尾　人工知能の活用範囲を仕事に当てはめて考えるなら、対面の仕事は基本的に人間の方がいいと思っています。営業やカウンセラー、葬祭業やマッサージなどは、人間の仕事として残るんじゃないかなと。どんなに人工知能が発達しても、人間は結局、人間と触れ合わずには生きていけない。

川村　僕はマッサージチェアが、今いちブレイクしていないように感じているんですが、そこは人間にやってほしいという生理があるからだと思うんですよ。逆に言うと生理的にいやなことじゃなければ、受け入れられるはずです。

松尾　人工知能との両立が進めば進むほど、人間はより人間らしい仕事に特化できると思いますし、多様性があるレベルの高い社会になるんじゃないかとも思っています。だから、「英語やプログラミングはもういいから、人間力を鍛えなさい」と言いたいですね。

川村　オンラインの世界から出てきて、オフラインで人と接していくことが改めて重要になるんでしょうか？

松尾　そうだと思います。あと、海外で生活することと、人工知能社会で生きることは、日本人にとっては似た部分があるように感じます。日本社会の常識は海外では常識でも何でもないのと同じように、従来の社会で当然とされていたことが人工知能社会では当然ではなくなる。だから、自分と異質のものを理解し尊重することは、国際的に活躍するため、そして人工知能社会を生き抜いていくために、大きな武器になるはずです。

川村　一つお願いがあるんですが、ディープラーニングの技術をもっと高めてもらって、翻訳技術の完成を急いでほしいんです。グーグルの翻訳ソフトのレベルは、進化の兆しが全くないので（苦笑）。

松尾　言葉を聞いてイメージを生成し、イメージから言葉を生成する。その両方ができないと、そこに原文があっても想像ができないので、すべて直訳になってしまって翻訳にならないと思います。あと10年くらいは時間がかかりそうですね。

川村　そんなに待ってられないです…（苦笑）。日本が世界に出遅れてしまったのは言語的なハンディも大きいと思うんです。プログラマーの人は完璧なものしか世の中に出したくないかもしれませんけど、最初はグーグルの翻訳ソフトよりちょっとできる程度のレベルからスタートすればいいと思うんです。考え方として〝翻訳する赤ちゃん〟をユーザーみんなで育てるみたいなのはどうでしょうか？　ｉＰｈｏｎｅにしても、機能やデザインがちょっとずつよくなっていく過程に、僕らは付き合いながらこまできているわけなので。アップグレードさせながら、そこにファンが付いていくような翻訳ソフトを作ってもらって。とにかく自分が使いたいんですよね（笑）。

人工知能を突き詰めたときに見える「動物としての人間」とは？

川村　松尾さんはどうして、人工知能に興味を持たれたんですか？

松尾　ただただ人間への関心です。人がなぜ今のように世界を認知しているかを知りたいと思ったからですね。

川村　ゴールはどこに設定していますか？

松尾　知能を考えていった結果、知能を除くと結局、人間は動物だなと思ったんです。となると、自分の得になることをしたいのが動物の本能だとして、なかでも人間は相当社会性の強い動物なので、本来は自分が周りをハッピーにできれば、うれしいということになる。

川村　確かに人間は賞賛や共感をされたい動物だと思います。

松尾　だから、やっぱりこの話は日本人の僕としては日本のためにやるのが、一番正しいんじゃないかと思っています。日本の経済が人工知能の活用によって復活すれば、一億人の幸せをちょっと増やすことができるかもしれないし、そのために企業や国が動いてくれたり世論を作っていくようなことを、ここから1、2年で確実にかたちにしていきたいですね。

川村　2020年の東京オリンピックのときに、日本のプレゼンテーションとして人工知能で何かしら表現できたら、最高ですね。

松尾　単純なアイデアなんですが、運動神経が人間を超えてしまうわけなので、ロボットで競技とかできたらいいんじゃないかなとか（笑）。

川村　開会式が、日本が誇る人工知能ロボットたちの競技で始まったり、人工知能の国が彼らの国旗のもとで行進に参加したりしたら、面白いかもしれませんね！

（2015年9月　東京・本郷の東京大学 松尾豊研究室にて）

復習

東京大学の奥にある研究室で、松尾豊は日々成長する「未知の知能」と向き合っていた。人工知能のレベルを飛躍的に進化させた「ディープラーニング」。ものごとを抽象化して認識し、特徴を重ねて自発的に学習していく。それはつまり「人間の知能」の仕組みと、同じものを生み出してしまったことを意味する。未来を具体的に変え得るこの領域の日本代表として、彼は世界と戦っている。

「今後の人工知能の発展においては、製造業の技術者が持っている理系的な知識や、コツコツとパラメータをチューニングする真面目さといった日本人的素養が生きてくる」

グーグルやフェイスブックが巨費を投じてオンラインでの活用を目指すなか、日本代表として建設業や農業などオフラインのものづくりで人工知能のブレイクスルーを目指す。

２０４５年には、人工知能が人間の知能を超えると予測されている。そのとき、人間はどうなっているのかと想像する。危険がないわけではない。

「人工知能が人間と両立する社会で、新しい未来をどう思い描くか。他国が軍事に利用しようとしたときに、日本としてどう食い止めることができるか。一番大切なのは、人間の正しい想像力や判断だと思います」

果たして人工知能は日本にとって、最後の切り札となるのか？　松尾豊が人工知能にどんな「目的設定」をして逆転劇を演じていくのか、目が離せない。

理系006　松尾豊さんの教え

今、人工知能の世界で技術的に注目すべきなのは「ディープラーニング」。

2015年2月には、ついにコンピュータの画像認識の精度が人間を超えた。

「ディープラーニング」は日本企業が得意とする製造業と相性がいい。画像を認識した上で身体を使う仕事全般は、その技術を使えば、かなりの部分を機械化できる。そのうち建築ロボットがビルを建てる時代になる。

自己保存や種を増やしたい欲求を持つ「生命」と、目的を与えられて賢い振る舞いをする「人工知能」は混同すべきではない。だからこそ人工知能が人間と両立する社会で、新しい未来社会をどう思い描くか。一番大切なのは人間の正しい想像力や判断。

人工知能との両立が進めば進むほど、人間はより人間らしい仕事に特化できるし、多様性があるレベルの高い社会になるんじゃないか。自分と異質なものを理解し尊重することは、結果的に国際的に活躍する上でも、大きな武器になるはず。

ユーグレナ 代表取締役社長

出雲 充

「世界の栄養不足を救う!」
から始まったミドリムシの研究は、
世界初の屋外大量培養に成功。
日本固有の発酵食文化の最前線として
未来の燃料も視野に入れる。

ユーグレナ 代表取締役社長

出雲 充

MITSURU IZUMO

1980年広島県生まれ。東京大学文科三類在学中にインターンで訪れたバングラデシュで栄養問題に直面し、帰国後、農学部に転部。同じ学部に所属していた鈴木健吾（現ユーグレナ取締役・研究開発担当）とともに豊富な栄養素を持つミドリムシ研究を始める。2000年に大学卒業後はいったん東京三菱銀行（当時）に1年勤め、05年にユーグレナを設立。同年に世界で初めてミドリムシの屋外大量培養に成功。12年には東証マザーズ、14年には東証一部に上場。同年のJapan Venture Awards「経済産業大臣賞」受賞、世界経済フォーラム（ダボス会議）が選出する「ヤング・グローバル・リーダーズ」に選出される。社名のユーグレナはミドリムシの学術名。

ミドリムシのすごさを教えてもらえますか？

川村　まず初めに、どうして「ミドリムシ」だったのか、教えてください。

出雲　「将来は国連に就職して飢えに苦しむ人を助けたい」と思っていた大学1年の夏休みに、世界最貧国といわれていたバングラデシュに行ったんです。途上国ではみんながお腹をすかせているイメージがあったんですけど、そんな人は誰一人いなくて、3食ちゃんとカレーライスが配られるんですよ。しかも倉庫から溢れるくらいストックもあって、カロリーメイトをスーツケースに入れて大量に持っていったんですけど、「要らない！」と言われて。

川村　食料は十分に足りているということですね。

出雲　でも、一緒にサッカーや運動をしたりすると、子どもたちはすぐにへたり込んじゃって、しゃがんで動かなくなってしまう。要するに米以外のものを食べていないから、筋力が作れないんです。

川村　ビタミンやタンパク質がほとんど取れていないということでしょうか。

出雲　そうなんです。そこで思い出したのが漫画の『ドラゴンボール』に出てくる架空の食べ物「仙豆《せんず》」でした。1粒食べれば何日も空腹にならない仙豆のような食品を発明できたらと。その後、大学に戻って効率的に栄養素を摂取できる源を探していたとき、ミドリムシに出会ったんです。

川村　ミドリムシはどんなポテンシャルがあるんですか？

出雲　植物性と動物性の両方の栄養素を持った生物は、地球上でミドリムシだけなんですよ。体内にある葉緑素で光合成をしてビタミンなどの植物性の栄養素を作りながら、タンパク質などの動物性の栄養素を備えていて、自ら動くことができるんです。

川村　『ドラえもん』に出てくる木の生き物、キー坊みたいなことですね（笑）。

出雲　そうですね（笑）。しかも5億年も生きていて、なおかつ絶滅していないっていうのは奇跡的だと思います。普通、植物であれば光合成をやるぞと進化していくし、動物は高度に動けるようになるぞと進化していくわけで、いいとこどりはあり得ない。どっちかに特化して進化していかないと生き残るはずがないのに、ミドリムシのようなどっちつかずで死なずにいた種は他にいないですよ。

川村　恐竜は一瞬、地球の覇者になりましたけど、氷河期が来てすぐいなくなっちゃいましたし、人間にしてもたかだか数十万年なわけで、ミドリムシは想像を絶するほどタフなやつなんですね。

誰もできなかった「大量培養」成功の秘訣とは？

出雲　川村さんが言うように、生物史上最強にタフなやつなので、「ミドリムシは地球を救う」という論文や研究も1980年代からたくさん存在していたんですけど、残念ながら、何十年も大量培養の壁に阻まれていたんです。

川村　その大量培養を世界で初めて出雲さんが成功させた。どんなブレイクスルーがあったんですか？

出雲　実はもともと僕は理系ではなく文系に所属していて、ミドリムシに出会って農学部に転部したんですけど、卒業するときはミドリムシの「ミ」くらいしかわかってなくて箸にも棒にもかからないレベルだったので、大学には残らずいったん銀行に就職したんです。銀行員生活を送りながら、細々と培養の研究をやり、土日になると日本中のミドリムシ研究の先生を訪ね歩いていました。

川村　銀行員をやりながら始めたんですね。

出雲　でもある日、「銀行員の片手間でふらっと来たところで研究者がずっとやってきたことができるわけがない。虫がよすぎるんじゃないか」と言われて。そこで覚悟して会社を辞めて、ミドリムシ一本に人生を切り替えました。結果、路頭に迷うわけですが、今度は日本中のミドリムシの先生方が「自分たちが邪険にしたせいで、銀行を辞めさせてしまったんじゃないか。これで飢え死にでもさせたら、枕元に化けて出てくるんじゃないか」と自責の念にかられたのか、学閥とかを取っ払って親身になってくれて、「僕の知ってることは、何でも教える」と。

川村　銀行を辞めたというインパクトが、出雲さんに日本中の情報を集約させることになって、研究が進んだんですね。

出雲　いろいろな先生を訪ね歩くなかではっと気づいたのは、理系の大学人は論文でも学会でも、成功して結果が出た話しか共有する場がないことでした。効率を上げるという発想がないので、「ミドリムシのここが難しいよね」という失敗談をずっとシェアしてこなかったんです。だから、みんな似たようなミスを繰り返していて。

川村　出雲さんは全体を俯瞰《ふかん》することができたから、気付けたんですね。

出雲　それまで大量培養の方法は天敵を入れないための〝蚊帳方式〟でした。ミドリムシは栄養価が高いから、バクテリアに食べられてしまう。だから、失敗すると二重、三重に蚊帳を重ねていく…という研究がされてきた。でも、僕は発想を変えて「〝蚊取り線香方式〟はどうだろう」と考えました。これが1つ目のブレイクスルーです。

川村 突然、ひらめいたんですか？

出雲 お風呂の中で（笑）。当時はお金もなかったので、地方の大学の先生を訪ねるときは格安の夜行バスを使っていたんです。でも到着するのが早朝で、大学が始まるまで時間を潰さないといけない。それで銭湯に行く。すると決まってアイデアが下りてくるんです。そのうち防水のガラケーを買って、お風呂の中で思いついたことがあると自分宛てにメールを飛ばすようになりました。水などのフィジカルな刺激は神経細胞に物理的な刺激を与えて、使っていない脳の部位をアクティブにしてくれます。

500社にミドリムシを売り込んだって本当ですか？

川村 ちなみに2つ目のブレイクスルーは？

出雲 ミドリムシは5億歳だと言いましたが、当時の地球には酸素がなかった。代わりに二酸化炭素は今の250倍もありました。ミドリムシはそんな環境の中でも生き延びてきた。でも今の植物は、5億年前の記憶が遺伝子の中にないから、そんな濃度の二酸化炭素の環境下ではすぐに枯れてしまう。

川村　わかった！　大量の二酸化炭素を投下すれば、ミドリムシの天敵となるバクテリアは駆逐できるということですね。

出雲　その通りです。動物なんて一瞬で気絶して、人間なんて10秒も生きられず窒息死してしまうような世界です。

川村　その2つのブレイクスルーを経て、最初の大量培養はどういう環境で成功したんですか？

出雲　石垣島にレンタルした、巨大なプールで大量培養に成功することができました。2005年のことですね。ただ、せっかく世界で初めて成功したというのに、その後に伊藤忠商事が最初に出資を決めてくれるまで、支援企業を見つけるのに2年間もかかりました。約500社に売り込んで、見事に全部断られたんです。

川村　どうしてですか？

出雲　採用実績がないからです。「他の会社がやるなら、うちもやるから」って。最初の一社目が大変なんです。その間の月収はたった10万円でした（苦笑）。

川村　実績のないものに手を出すのがみんな怖いんですよね。それこそ文系と理系の壁というか、きっと出資を決める人が文系だから、「ミドリムシが地球を救う」と言われても、ピンと来なかったんでしょうね。

海外からの産業スパイに狙われた？

川村　しかし二酸化炭素の蚊取り線香をいったいプールのどこにどうやって設置しているんですか？　あと、肝心の培養液は何でできているのかとか…。

出雲　そこから先はもうかなり危ないところでして、企業秘密です（苦笑）。

川村　とはいえ、海外の企業などはしつこく偵察に来るんじゃないですか？

出雲　一時期はみんな本気でジャパンメイドの技術を欲しがって、ものすごい数のスパイがスパイじゃないふりをしながら、近づいてきたりしましたね。

川村　それはそれで楽しそうですね。自分のところに海外の産業スパイが来る日本人はあまりいないでしょう（笑）。

出雲　アメリカは周回遅れ程度なら、それこそスパイに盗ませたり、法律を変えたり、大金を積んで買収したりしますね。研究者や私のような人間を移住させてアメリカ人にして「これはアメリカがやりました」ってことにするために、日本の100倍くらいのお金を出す国です。

川村　まるごと買ってアメリカのものにしてしまう。

出雲　今、ロボットや人工知能や遺伝子などの分野で日本がアメリカに負けているといわれていますが、それは向こうの研究費が桁違いに大きいからなんです。ただ、ミドリムシでは我々が軽く2周は差をつけてしまったので、さすがに諦めたみたいですけど。

川村　どうしてそこまで差をつけられたんですか？

出雲　海外の人は手が大きいから、だめなんです。

川村　手の大きさって関係あるんですか？

出雲　冗談に聞こえるかもしれないですけど、マイクロマニピュレーターという顕微鏡でミドリムシを操作する細かい作業は、世界中で日本人しかできないんですよ。

川村　手先が器用じゃないとできないんだ。

出雲　それともう一つは、「乳酸菌が腸の中で頑張っている」という英語は存在しないんですよ。欧米人にとって菌はばっちいもので、基本的に悪いものなんです。だから、欧米では菌をやっつける抗生物質の学問はすごく進んでいます。一方で、日本は菌を活かす文化があって、乳酸菌だけでなく納豆菌、日本酒や味噌など、発酵食品は身体にいいとされてきた。ミドリムシの培養は、そういう意味でも日本人にしかできないんです。

川村　要するにミドリムシは「ヤクルト」のようなものなんでしょうね。あれは世界で誰も作れないと聞きました。

出雲　そうです。僕のいるバイオ業界で神様みたいな会社は、ヤクルトと味の素。ヤクルトは腸内の悪玉菌を減らすラクトバチルスを、味の素は旨味成分のグルタミン酸ナトリウムを世界に広めた。次はミドリムシですよ！

ミドリムシにライバルはいない？

川村　ミドリムシにライバルはいないんですか？

出雲　いないですね。

川村　言い切るなぁ（笑）。ただ、海外でミドリムシを大量培養させようってところは、あるにはあるんじゃないですか？

出雲　見張りには行ってますけど、基本的には「今になってゼロからやろうなんて無駄なことはしないで、こっちは君のとこに2周差をつけてるんだから、僕に聞けばいいじゃん」っていう感じで接しています。

川村　撃ち合わずにクリンチをしに行ってるわけですね。「一緒にやろうぜ」って。

出雲　そうです。

川村　ミドリムシ以外のバイオ燃料はライバルにはならないんですか？

出雲　トウモロコシやサトウキビから膨大なガソリンが作られてますけど、今の地球はそれでなくても農地も食料も足りていないのに、せっかく作ったトウモロコシが人間の口でなく機械に回されているなんて、人道に反しています。だから、ミドリムシなんです。

川村　ミドリムシの培養には農地が必要ないですもんね。

出雲　日当たりさえあれば、砂漠でも、海上でも、放射性物質が飛んでいた耕作放棄地であっても、ミドリムシを培養するプールを設置するだけでいい。ミドリムシはトウモロコシなんかとは世代が違うバイオ燃料と言えます。それに、例えば原子力もソーラーも風力も結局生み出すのは電気なわけで、人間は電気ではお腹いっぱいにならないから、これもミドリムシとは関係がない燃料になります。

ミドリムシで飛行機が飛ぶ？

川村　「飢えに苦しむ人を助けたい」という初心は実現しそうですか？

出雲　まさに初志貫徹で、ミドリムシ技術を全世界190カ国に使ってもらって、私自身が100万人まではコミットして、全世界で今世紀中にはミドリムシの給食で栄養失調がなくなるようにしたい。その後は私ができなかった分も含めて、続けてくれる人がいたらいいなと思います。

川村　素晴らしい。力強いですね。

出雲　その次は、並行して研究を重ねながら、「ミドリムシだけで、こんなに使い道があるんだ」ってことを社会に伝えていきたいと思っています。

川村　最近はコンビニやスーパーなどいろいろなところで、ミドリムシの学術名である「ユーグレナ」を冠したジュースとか塩とかサプリメントをたくさん見かけるようになりました。

出雲　食品以外に、化粧品会社との共同研究の結果をもとに、美容のプロダクトも発表しました。水分が失われてシワの原因になる繊維芽細胞に、ミドリムシを加水分解したリジューナというエキスを与えると、細胞がまた膨らんでふかふかになることを発見したのがきっかけなんです。他に胃潰瘍に効く成分なんかも発見したばかりです。

川村　ミドリムシの可能性は本当に無限大ですね。ところで今、ユーグレナ商品の売り上げはどれくらいなんですか？

出雲　２０１６年に１１０億円ほどになると思います。それだけ世の中の人々が、健康と環境というテーマを切実に欲していたんだと理解しています。

川村　その次の大きな一手は何になるんですか？

出雲　ミドリムシを使ったバイオジェット燃料で、飛行機を飛ばそうとしています。

川村　ミドリムシで飛行機ですか？

出雲　必ず飛びますよ。ミドリムシは細胞壁がないので、簡単に脂質を抽出できる点も強みなんです。２０１８年頃に予定している初回のミドリムシ・フライトには、川村さんも乗ってくださいね。

川村　燃料がミドリムシとか言われると不安だなぁ（笑）。固定電話が携帯電話になるとか日常的に使っていたものが進化するのは理解できますけど、技術的にわからないものって怖いんです。理系コンプレックスがあるから。

ミドリムシで戦争がなくなる？

出雲　既に湘南台駅といすゞ自動車の藤沢工場の間を毎日20往復、ミドリムシ燃料で通勤バスが走っているんですよ。

川村　バスを使っての試運転が始まっているんですね。

出雲　２０２０年の東京オリンピックのときにはたくさんの方々が海外から来ますけど、共同研究をしているＡＮＡのミドリムシ・ジェットで羽田に来て、ホテルまでミドリムシ・バスで移動して、試合会場でミドリムシ・ジュースを飲んでもらいたい。そのために30億円を投資して、ＡＮＡやいすゞ自動車などと一緒に、横浜市にミドリムシ燃料の実用化に向けた工場を作ることにしました。

川村　科学技術に携わっている人からしたら、地球環境を保全しつつ永続可能な燃料は永遠の夢なんでしょうね。

出雲　そうなんです。20世紀を振り返っても、結局は原油をめぐる戦争の時代だったわけですから。

川村　ミドリムシ燃料をめぐる戦争は起きないですか？

出雲　これでまた諍《いさか》いになったとしたら、人間は本当に何も勉強しなかったってことですよ。

川村　すごく素朴な疑問なんですけど、今、飛行機を飛ばしている石油と、ミドリムシ燃料のコストって、どれくらい差があるんですか？

出雲　ミドリムシがまだまだ数倍はしますね。

川村　技術が進化すれば、差は縮んでいくものですか？

出雲　もちろんです。ただ、当初はおそらく「エコ便」とかいう枠にして、普通便よりちょっと高くても、あえて選んでもらえるような施策になるんじゃないかと思いますね。

川村　石油よりコストが落ちるっていう可能性はないですか？

出雲　そこは石油の産出方法から考える必要があって、自然を破壊して掘って出てくるものより、有機的に作り出すミドリムシ燃料の方がどうしても高くなるものだと思います。ただ、石油だって掘り尽くしてしまったら、海底油田とか難しいところから掘ってこないといけないので、そうなるとどこかのタイミングから石油の方が値が上がって、いつかは差がなくなると思いますね。

ミドリムシと人間の女性、どちらが扱いやすいですか？

出雲　あと、ミドリムシは宇宙農業にも適しています。1リットルの牛乳を宇宙に運ぶには100万円かかるんです。大量の食品を持っていくことができない。でも、プールさえあれば育てられて、多くの栄養が補えるミドリムシは宇宙食に応用できる。

川村　宇宙で人間が長期的に生活するためにはミドリムシは最適ですね。

出雲　JAXAには火星の農業について研究するチームがあります。ミドリムシは植物でもあって光合成をするので、火星の高濃度の二酸化炭素を吸収して酸素として吐き出してくれる。だから「ミドリムシが地球と同じくらいの酸素に増やしてくれたら引っ越しましょう」という形です。手始めに、国際宇宙ステーションのJAXAのスペースでも、ミドリムシの培養研究を始める予定です。

川村　すごく希望のある話ですね。ところで出雲さんはミドリムシ以外に興味があることはありますか？　僕のイメージだと理系の人は研究に注ぎ込むエネルギーが相当強いので、仕事が恋愛みたいなものなのかなと。

出雲　サイエンスは再現性がないと成り立ちませんが、そういう意味で恋愛は、まったくもって非線形で困る。１回デートすることで好きな気持ちが50から55になったとか、スコアにならない。突然好きになったとか、逆にもう嫌いになったとか。

川村　それはそうですけど、そもそも恋愛を数値で考えないですよ（笑）。

出雲　でも、ディズニーランドに行きたい人もいれば葛西臨海公園に行きたい人もいて、そこの傾きが違うというのは微分係数が違うということですよね。ミッキーが好きな人か水族館が好きな人かを積分してプランを作らないと、いいデートにならない。

川村　僕ら文系は過去の記憶や失敗から学んで、必死にプランを練りますね。

出雲　対象者が違ってもですか？

川村　だって僕らは日本史も世界史も丸暗記してきた人種なんで。

出雲　なるほど。ただ、いずれにしても僕の場合は、ミドリムシのような相性のいい人と出会えてよかったですよ（笑）。

川村　普通の女性が出雲さんの中でミドリムシを超えるのは大変ですね（笑）。

（２０１６年１月　東京・田町のユーグレナにて）

復習

初めて出会ったとき、東京大学の一角にある小さなラボに出雲充はいた。彼は鮮やかな緑のネクタイを締めて「飢えに苦しむ人を助けたい」と言った。

大学1年の夏休みに訪れたバングラデシュで、栄養不足の子どもたちに出会った。効率的に栄養素を摂取できる源を探していたとき、ミドリムシに出会った。

ヤクルト、味の素、キッコーマン。日本固有の発酵食文化をもとにしたバイオ技術は、日本が世界に誇るお家芸ともいえる。彼はそこにミドリムシで切り込むことを決めた。銀行員の仕事のかたわら、日本中の研究者の話を聞いてまわり、しまいには銀行も辞めて研究に没頭した。そんな彼のもとに、成功例と失敗例が集約され、世界で誰もなし得なかったミドリムシの大量培養に成功した。

出会いから2年。久しぶりに彼を訪ねた。彼の会社は、巨大なオフィスビルの中にあり、社員も倍以上になっていた。ミドリムシの著しい成長を感じた。

「ミドリムシを使ったバイオジェット燃料で、飛行機を飛ばそうとしています」

ミドリムシの夢は、食品だけにとどまらず、化粧品、医療品、バイオ燃料にまで広がっていた。人類が夢見たサスティナブルな燃料の実用化まで、あと少しのところまで来ている。

会社は大きくなったが、変わらず彼を支えているのはミドリムシへの愛だ。物理や化学を超えた愛が、ミドリムシをこれから世界に広げていく。2年前と変わらず、彼の襟元で光る鮮やかな緑のネクタイを見ながらそう確信した。

理系007　出雲充さんの教え

植物性と動物性の両方の栄養素を持った生物は、地球上でミドリムシだけ。しかも5億年も生きていて、なおかつ絶滅していないというのは奇跡的なこと。

マイクロマニピュレーターという顕微鏡でミドリムシを操作する細かい作業は、手先の器用な日本人にしかできない。

日当たりさえあればプールを設置するだけで培養できるミドリムシは、農地も食料も足りていない地球で人間の口に入るトウモロコシなどを使ったバイオ燃料とは全く世代が違う。

2018年にミドリムシを使ったバイオジェット燃料で、飛行機を飛ばす。

20世紀は、結局は原油をめぐる戦争の時代だった。もしもミドリムシ燃料をめぐってまた諍いになるとしたら、人間は何も勉強しなかったということ。

宇宙農業も視野に入れている。ミドリムシは植物でもあって光合成をするので、火星の高濃度の二酸化炭素を吸収して酸素として吐き出してくれる。国際宇宙ステーションのJAXAのスペースでも、ミドリムシの培養研究を始める予定。

理系008

順天堂大学 心臓血管外科 教授

天野 篤

通算7000例の執刀で成功率98%、
年間400例の執刀をこなす
勝負師気質のゴッドハンドは、
あらゆるパターンの手術の記憶から
状況を切り抜ける方法を導き出す。

順天堂大学 心臓血管外科 教授

天野 篤

ATSUSHI AMANO

1955年埼玉県生まれ。県立浦和高校時代に父親が心臓弁膜症であることを知り、医師を志すようになる。浪人決定後は受験勉強よりパチンコと麻雀に熱中し、三浪ののち、日本大学医学部に入学。卒業後は亀田総合病院、新東京病院などを経て、2002年より現職。心臓オフポンプ手術の第一人者で、これまで執刀した手術は7000例以上、成功率は98%を誇る。12年に天皇陛下の心臓手術を執刀。著書に『熱く生きる』(セブン&アイ出版)ほか。

©Junpei Kato

医学における「臨床」と「研究」それぞれの存在意義とは？

川村　理系の方々との対談で医師は外せないと思ってどなたにお会いしようか考えたんですが、心臓外科医として切実な世界で日々命と向き合っていて、〝天皇陛下の執刀をしたゴッドハンド〟としても高名な天野さんにお話を伺いたいと思いました。

天野　人を生かすという、ある意味、ドラマティックな領域でやっているのは確かですね。

川村　これまで何例くらいの執刀を行ってこられたんでしょうか？

天野　1年に400例ペース、トータルで7000例を超えました。診た患者さんは1万例くらいですね。

川村　年間400例というと、1日1例以上の執刀を行っていることになりますね。しかも成功率が脅威の98％という。

天野　でも、ちっぽけな数なんですよ。医者が一人に対して10分、1日10時間週6日で生涯50年働いても、診察で関わることのできる患者さんは90万人くらいしかいない。

90万人とは、日本の人口において1%もいかない数字なわけです。ただ、一方でiPS細胞や古いところだとインスリンとか、人類に貢献できる治療法や薬物を見つけて実用化すれば、その先、世界の何十億人もの役に立つわけで、やはり医学の絶対的な醍醐味は「研究」にあると思います。

川村　ドラスティックに世界を変えるような「研究」に進む人と、天野さんのような「臨床」に進む人は、どこが違うんでしょうか。

天野　単純に医学へのアプローチの違いということだと思いますが、9割以上の医学生は何らかの医療体験を持って入学してきて、初心を増幅していって医師になり、患者を診る領域に入っていきます。

川村　ほとんどが臨床に進むんですね。

天野　そうですね。人類の大発見といわれるようなヒントも、日々患者を診たり治したりするところから出てくるものだと思います。本人が気づくこともあれば、臨床のデータを診た基礎医学者が気づくこともあるし、双方の気づきがリンクすることもある。そういう意味でも私の場合は、診察と執刀はすべての原点です。

川村　執刀から執刀というスケジュールの中で、「あっ」と発見したことや基礎医学に応用できそうなことをフィードバックする時間は、どう確保しているんですか？

天野　周りに基礎研究に対して造詣の深い仲間を持っているかどうかが大事です。今いる大学病院は、そういう仲間がいて、バックアップが受けられる。残念ながら一般病院では「これをあれに応用できるんじゃないか」と思ってみたところで研究者がいないので、証明する手だてが得にくいんですよ。僕は40代の半ばを過ぎてから大学の医療に入ってきましたけど、今の環境はとても役に立っています。

三浪時代に学んだことはなんですか？

川村　お会いするにあたって天野さんの経歴を拝見してきたんですが、日大の医学部に三浪して入学されたとありました。

天野　我々の世代は、若い頃の失敗が許された時代だったんです（笑）。言い方を換えると、やさぐれたり罪を犯したりして他人に迷惑をかけなければ、枠にはまっていない人が許容される社会だった。

川村　あまり大学に行きたくなかったんですか？

天野　高校も進学校でしたし、行くつもりではいました。ただ、受験勉強に全く興味を持てなかったのと、子どものときからさほど勉強をしなくてもずっと成績優秀で、浪人が決まって模擬試験を受けても結果がよかったので、楽勝だと思って遊びの生活に入ってしまった。

川村　そうしたら三浪してしまったと。

天野　はい。さすがに三浪したときに「今から普通の大学に行っても話にならない」「医者にでもならなかったら、自分が何のために生まれてきたのかを証明できない」と覚悟して、初めて医学部を受けたわけです。医者になってからも「人より3年遅れているから早く一人前にならないと」と、人よりがつがつやってきたと思います。

川村　三浪の間はもっぱら何に明け暮れていたんですか？

天野　パチンコですね。もうプロでしたよ（笑）。今だと600万円くらいするトヨタのクラウンが当時150万円のときに、確実に月30万以上は稼いでいましたから。

川村　今だったら月120万ですか。ほんとにパチプロですね（笑）。

天野　父親が心臓弁膜症になっていろいろとお金が必要になったという表向きの理由はあるんですけど、麻雀なんかも相当やってました。どっちも「ここだ」と思ったときにダッシュできるかどうかが勝負の分かれ目で、いい流れが来る瞬間を身体で感じるというか、そのときの経験は外科医になった今も生きています。

外科医特有の視点とは？

川村　ちなみに僕は映画の編集をするときに、よく「手術」という言葉を使うんです。映画の時間軸の中にも血液みたいなものが流れていて、うまく循環してないところがあると、メスを入れて、悪いものを取り出して、縫い合わせて…ということをします。でも、ほとんどは自分の感覚に頼っていて、医学のように理論立てて説明したり、学問として誰かに教えることはできないんですよね。

天野　きちんと理論が立つように繰り返したり、無駄を省いたり、新しいものを入れて再現性のある形にしていくのが外科医の世界だと思います。ただ、再現性ができたものに関しては他の連中もできるようになってしまうので、常にもう一歩先に行ってやろうと思ってやってきましたけど。

川村　天野さんほどの人がまだまだ先を目指そうという姿はかっこいいですね。

天野　外科医というのは対象物があってもみんなが注目するところではなく、陰になって見えない部分をいつも探していて、そこから入り込んでいくと何か違うことができるんじゃないかと考えているところがあります。

川村　なるほど。外科医らしい視点ですね。

天野　でも、結果は意外とシンプルなところに行き着くもので、出血が怖いから血管もぎしぎし縫った方がよさそうに思えるんですけど、実は縫い目が粗くてゆったりとしていた方が出血しないんですよ。要するに、緻密に縫うと針穴の数が多くなって、そのぶん出血が多くなる。そんな発見をしたときに「やった！」と思うわけですよ。

「オフポンプ冠動脈バイパス手術」はどうやって生まれた？

川村　天野さんのチームが着眼して再現性を作り、パイオニアとなられた「オフポンプ冠動脈バイパス手術」について、教えてもらえますか？

天野　ポンプとは人工心肺装置のことを言いますが、従来は人工心肺を使って本当の心臓をいったん止めて手術をしていました。一方でオフポンプは文字通り人工心肺を使わずに、心臓の動きを止めずにやる手術です。

川村　最初に聞いたときに意外な方法だと思いました。

天野　もともと人工心肺を使った心臓手術は限界があるといわれていて、なぜなら、患者さんがあまりに重症で心臓の動きも弱っていると、普通の心臓なら5時間止められるところ1時間が限度だったりして、逆に患者さんを傷めてしまう。そういう意味で、オフポンプの当初のターゲットは重症患者という認識だったんですが、「重症患者でいいんなら、普通の患者にも適用できるのでは」と掘り下げて実際に普及させたのが、我々のチームということです。

川村　今は人工心肺とオフポンプは、どちらが主流なんですか？

天野　まだ人工心肺がメインです。先進国では技術者のジャンルが職業として確立してしまっているのと、後進国では日本人の医師の器用な手技が真似できないんです。ただ、手術の発展性という意味では、オフポンプの方が重症患者だけでなく普通の患者にも適用できたり、より複雑な手技を取り入れていく方向に進化しています。人工心肺の方は型にはまってフレキシビリティがない手術になっていたりしますね。

川村　術後の回復も心臓を止めないオフポンプの方がよかったりしそうですが。

天野　そうですね。人工心肺の場合はどうしても脳とか腎臓とかに影響が出るので、その部分をごまかしながら回復させているのが実情です。しかも回復のためにチューブを入れたり、機械の補助を付けると、今度はそっちのトラブルが起こる可能性もある。その点では川村さんの予想通り、心臓を止めるという不自然な行為をしないオフポンプは、術後の身体への負担も少ないと言えます。

川村 自然に考えるとそうなりますよね。

天野 そもそも人工心肺も初期は非常にリスクが高い手段で、「心臓は動かしたまま手術をしろ」という意見が多かった。糸や道具も今より不十分だったので、患者さんの死亡率がものすごく高かったわけです。ただ、安定した治療をするためにテクノロジーがキャッチアップしていって、だいたい5%くらいの死亡率になったときに、やっと普遍的なやり方になったという歴史があります。ただ、今度は患者さんが高齢だったり臓器に合併症があったりリスクが高い人が増えてきて、オフポンプが台頭してきたということです。

テクノロジーの進歩への向き合い方とは?

川村 さっき糸みたいな話が出ましたが、昔はリスクが高かった手術を行えるようになったのには道具の発達が貢献している一方で、医者自体の技術も進歩しているんでしょうか？

天野　両方が必要だと思います。研修医時代は毎晩、糸結びの練習をしていましたけど、それは基本のキ。他にも桃太郎が家来を力や言葉で従えるのと同じで、強い者に立ち向かうときはさまざまな手段を講じなくてはなりません。

川村　合わせ技なんですね。

天野　テクノロジーの進歩も知っておかないといけないですしね。

川村　映像の世界でもフィルムやデジタル、付随するVFXなど、撮影技術にも複雑な流派があって、さらにCGでも使うソフトがクリエイターによって違ったりして、なかなかやり方がまとまらない。それぞれの正論があるんですけど、天野さんの場合は対象が人の命であって、その切実さは想像できないものがあります。

天野　どんなにいい手術の方法を開発しても、患者さんが生きて、なおかつそれまでの術後より高いレベルで生かさないと意味がない。結果で勝負するしかない世界です。

川村　今でも絶えず新しい技術に挑戦したいという気持ちでいますか？

天野　もちろんです。犠牲を伴ったり、危険なものは一切だめですよ。ただ、たくさんの手術や経験から成果が出ている治療で、Aに対して、Aという治療が確立しているんだとしたら、まず患者さんに当てはめてみます。その上ではみ出してしまった人がいたら、高齢すぎたとか手術後の状態が悪いとか、理由を探す。そこでやっとそういう人たちをなんとかするにはどうしたらいいかという考えに行き着いて、チャレンジができる。艱難《かんなん》辛苦《しんく》に対してあえて握手をしにいくというかね。

川村 新しい医療にトライするときのモチベーションはどこにあるんでしょうか？

天野 心臓弁膜症だった父は3回手術をして、2回目は僕も助手として立ち会ったんですが、結局助けることができなかった。そのときに患者を救うために自分の持てる力をすべて捧げる覚悟をしたのもありますが、厳しい状況の中で今までできなかったことができたときの爽快感とかスリルを克服したときの達成感は、病み付きになっちゃうんですよ。ある意味、一種の完全犯罪みたいな感じです。確信して、計画して、実行して、振り返ったら証拠は一つも残っていないわけですから。

働く病院をどういう観点で選んできましたか？

川村 40代半ばで今の大学病院に来る前は、どういう病院に勤務されていたんでしょうか？

天野　大学卒業後は、当時はまだベンチャーの分野だった心臓外科の研修医として民間病院に就職しました。ただ、入ってみたら心臓外科の手術が少なくてここにいても腕を磨けないと思って、研修医を終えた後、最新医療で知られる千葉県にある総合病院に移ったんです。そこは心臓血管外科の手術数も多くて、心臓バイパス手術にも力を入れていて、若くても力がある医師には執刀のチャンスが与えられていたので、集まってくる患者さんを相手に年150例くらいの手術に立ち会いました。ただ、そこもクビになったり、いろいろありましたけど（苦笑）。

川村　若い頃は相当、血気盛んだったんでしょうね。

天野　今でもいろいろなところでそう見られてると思いますよ。天皇陛下の執刀も、一番やっちゃいけない人間が手術をしたようなところじゃないですか（笑）。

川村　血気盛んな凄腕《すごうで》医師にオファーが来るって、映画のような話だなと思ったんですが、ああいうオファーはどうやってくるものなんでしょうか？

天野　巡り合わせじゃないですかね。もともと天皇陛下の主治医は東大病院の主任教授と決まっているんですが、僕はその先生との付き合いがけっこう古くて、彼の個人的な患者さんを何人も手術してきました。それに僕の場合は「失敗したら、どうしよう」とかシリアスなことはぜんぜん考えないタイプなんです。手術前の段階で、麻雀で言うと「配牌《はいぱい》でメンタンピン三色間違いなし。あとはいかにリーチをツモるか」みたいなところまでは、頭の中でイメージできているので。

川村 博打打ちだなぁ（笑）。

天野 例えば、ここの順天堂のトップの理事長は皮膚科の医師で、どんどん皮をむいていくと最後は学者なんです。私の場合、最後は勝負師（笑）。

若手の心臓外科医についてどう思いますか？

川村 天野さんと似たタイプの若手の心臓外科医はいるんでしょうか？

天野 いますね。でも、まだ踏ん張りが足りないなとは思います。俗に言う「ピンチの後にはチャンスあり」は本当にその通りで、もうこれ以上の危機はないというときは活路を見いだすチャンスなんですが、そこで自分を追い込む若者が見当たらないですね。僕なんかは若い頃、そういう体験をするたびに「これは勝ちパターンだ」と思っていました。底に至ったときに「俺はもうだめだ」と諦めたら、たぶんだめです。でも「むしろ底こそがいつもの定位置で、ここに来たら自分は絶対に外さない」と思えれば、這い上がれる。タラレバの話ですけど。

川村 ちなみに、今までに一番しんどかったのはいつ頃ですか？

天野 今の大学病院に来る前、総合病院に勤務しながら「今のままだと、組織の中に自分が埋もれてしまうんじゃないか」という危機感を持っていた時期に、株で負けたときはしんどかったですね（苦笑）。本業はそれなりに経験を積めても、当時は日経新聞を毎日見るたびに、財産がどんどん減っていくわけで、未体験ゾーンなわけですよ。株屋さんに言われてナンピンしたり追加資金をどんどん提供しちゃうから、預金通帳の記入に行くたびに残高が減っていく。

川村 それは相当、滅入りますね。

天野 まぁ、でも、「お金なんて結局ゼロにならなければいいや」というか、また同じだけ頑張れば、それだけ入ってくると開き直れたのはよかったと思います。ちなみに、今は本の印税はすべて母校や東日本大震災の被災地などに寄付しています。あと、株も利益が出ていますよ（笑）。

川村 やっぱり根っからの博打打ちなんですね（笑）。

天野 経済の大原則は医療を考える際の参考になるので、株式投資は役に立ちます。医学部に入ってくるような子は偏差値の高い高校を出てものすごい秀才だったりするけれど、だいたいが勝負師じゃないですね。

「記憶」の使い方とは？

川村　天野さんが医師としても勝負師であり続けられるのは、圧倒的に現場でやってきた経験があるからなんでしょうか？

天野　経験の数だけ、さまざまな状況を切り抜けるノウハウを身に付けてきたところが大きいんじゃないでしょうか。

川村　そういうタイプが一番強いですよね。

天野　あと、自分の専門領域については、あらゆるパターンを頭の中に記憶していま す。特に若い頃の手術は鮮明に覚えています。最近のものは完璧にできすぎていて、逆に記憶がない。やっぱり術中にトラブルがあったり、手術後におもわしくない結果だったりしたときのことは覚えているものです。

川村　全くジャンルが違いますけど、僕も映画を記憶で作っているところがあります。10代の頃、年300本くらい映画を観ていたんですけど、いい映画については名シーンや、好きなカット割り、どこで音楽が鳴って、どんな芝居だったかってことを今でも覚えているんです。だから、映画の編集をしていて「なんか違うな」と思うときは、だいたい「あの映画のあのタイミングで音を鳴らそう」みたいなことをやってみたりします。天野さんのお話を聞いていて、記憶というのは本当に強いのだなと改めて思いました。

天野　自分にとって都合のいい容量で引き出しにしまっているんですよね。例えば手術を映像で撮って覚えようとしても、情報量が多すぎて記憶に残らない。イメージ画像にしたり、それこそカット割りにしたり、場合によってはスケッチにして残したりという修練の仕方が覚え方として正しいし、後になって活きるんじゃないかなと思います。

川村　僕も全部じゃなくて、映画を名作として成り立たせている決定的なシーンや逆にミスっているシーンを何個かのパターンに分けて覚えていたりしますね。

天野　要するに、うっすら準備をしておくということなんですよ。何か高い要求をされたときに「できないことじゃない」と自分に言い聞かせられるかどうかは、要求に近いことを今までに何回もやってきたという根拠を引き出しから引っぱり出せるかどうかだと思います。

医師として成長するために大切なことは？

川村　医師として他にも修練していることはありますか？

天野　人と出会うこともすごく大切です。大きな大学病院の医者はどうしても接触する人が限られる。でも私はまんべんなく、どこにも首を突っ込んで、いろいろな人と接触してきたので、そういう人々からもらう知恵や経験を「あの話は我々で言うとこれだな」というあてはめ方ができる。あと、今の世の中は情報や流行が人を囲い込むところもあって、携帯電話だったらスマホを持ってないといけないとか、そういうグルーピングが以前より新しいものを作りにくくしている。その殻を自分から破るのか、何らかのアクシデントで破らざるを得なくなるのか。いずれにしてもそういう経験がないと、人は未来に向かって変わることが難しいんじゃないかなと思います。

川村　天野さんにはすべてのエピソードに〝無頼漢〟みたいなものを強烈に感じますね（笑）。

天野　〝傭兵《ようへい》〟みたいなところがありますからね（笑）。

川村　天野さんを超える傭兵は育っているんでしょうか？

天野　今は天野一家の大黒柱なので、自分の教え子や弟子は路頭に迷わせられないという対象で、仮に勝負したところで真剣と木刀の戦いになるので、絶対に負けっこない。でも、その次の世代にはもしかしたら、夜寝ているときに「お命頂戴」と言われて、ぐさっと来るやつがいるかもしれないなというわくわく感はありますよ。それは、自分が格好よく散るために、すぱっと介錯《かいしゃく》してくれる人間を求めているということなのかもしれません。

川村　でも、もしも天野さんがいなくなったら、心臓外科界にとっては大変な損失ですよね。

天野　確かに手術を受けることができる患者は減るかもしれないです。ただ、何かあったときのために診察のレベルを落とさないようにバックアップを取って、今受けているオーダーに対して迷惑はかけないようにリスクマネジメントをしています。そういう点では恵まれているのと、だからこそまだまだ新しい医療や何かを見つけないといけないんじゃないかという義務感がありますね。それが見つけられなかったら、いよいよ自分は終わっちゃうのかなと。

川村　具体的に今、ミッションとして取り組んでいることはあるんでしょうか？

天野　お金がある人だけが受けられる医療が先行してはいけないと思っています。今の日本の超高齢者は年金暮らしの方が多く、財布に負担のない医療を提供しなければならない。アクティブ世代に対する商品じゃなくて、先が見えている人たちになんとか医療で恩返しをするという特殊な領域で、そこの再生産性を作るのが今、自分の中で一番熱いテーマです。

川村　オフポンプ手術はやっぱりお金がかかるんでしょうね。

天野　そこは折り合いをつけていかなければならない部分で、個人的な主張としては「はやい、安い、うまい」の三拍子がポイントだと思っています。「はやい」と「うまい」は自分の経験でカバーするしかないので、むしろ昔の古い道具を使ったらコストダウンできるのかと考えたりもします。少し自分が創意工夫すれば多くの人にいい医療が提供できるんじゃないかという想いは、どんどん高まっています。

心臓外科医としての休日のあり方は？

川村　天野さんのいろいろな皮をむいていった最後の姿は、勝負師であると同時に正義の人なんだと思います。ちなみに、お休みはあるんですか?

天野　日曜日はゴルフに行ったりしますけど、夏休みも冬休みもまとめては取りません。数日を家族で休むというのは大晦日から正月の2日くらいまでです。基本的にいつでも手術ができるように病院にいるようにしているのと、何かがあったときには執刀ではなく一兵卒の対応もできるようにしています。

川村　本当に働いてらっしゃいますね。

天野　どちらかというと働いているというより、普段、自分のために手術の下ごしらえをしてくれたりいろいろとやってくれる連中に、少しでもプライベートを確保してあげたいという気持ちだけなんです。自分の時間を取り戻すというか、家族といることでほっとする時期が自分の若い頃にもありましたから。

川村　裏で支えている奥様の功績も感じます。

天野　普段の愚痴とか、家では徹底して聞き役に回っていますね（苦笑）。まぁ、週末しか家に帰らないので週に1回くらいですけど。

川村　天野さんは人としてのキャパシティがすごいなぁ。あまりに完璧で突っ込みどころがないのがちょっと悔しいですが、仕事や命への向き合い方には、本当に胸を打たれるものがありました。

天野　昔から、ええかっこしいなんですよ（笑）。

（2015年4月　東京・本郷の順天堂大学附属順天堂医院にて）

復習

「急な手術が入ったので、時間を30分早めてもらえますか？」

対談当日、順天堂大学に向かう途中で連絡が入った。年400例の執刀を手がけるスーパードクターの特異な日常を肌で感じた。

「人類の大発見と言われるようなもののヒントも、日々患者を診たり治したりするところから出てくるものだと思います。診察と執刀はすべての原点です」

天野篤は臨床にこだわり、心臓オフポンプ手術の第一人者として、通算7000例以上の手術を行ってきた。成功率は98％。天皇陛下の手術を担当し、一躍時の人になった今も、「はやい、安い、うまい」を掲げてひとりでも多くの命を救う術を模索している。

麻雀やパチンコに明け暮れた学生時代。

「博打と手術、どっちも『ここだ』と思ったときにダッシュできるかどうかが勝負の分かれ目で、いい流れが来る瞬間を身体で感じるという経験は外科医になった今も生きている」と語る。

まさに「無頼の傭兵」が心臓外科界のトップを走っているという事実に、やはり人間を治すのは人間であるという真実を突きつけられる。

対談後、爽やかな笑顔を残し手術に向かう天野篤。

現場にこだわってきたギャンブラーは、圧倒的な技術と記憶、そしてその「正義」で命を救い続ける。

理系008　天野篤さんの教え

三浪時代に熱中したパチンコは「ここだ」と思ったときにダッシュできるかどうかが勝負の分かれ目で、いい流れが来る瞬間を身体で感じる経験は、外科医になった今も生きている。

人工心肺を使わないオフポンプ手術の当初のターゲットは重症患者という認識だったところに、「重症患者でいいなら、普通の患者にも適用できるのでは」と掘り下げて実際に普及させたのが、我々のチーム。

底に至ったときに「むしろ、底こそがいつもの定位置で、ここに来たら、自分は絶対に外さない」と思えれば、這い上がれる。

自分の専門領域については、あらゆるパターンを頭の中に記憶している。情報量が多すぎても記憶に残らないし、イメージ画像にしたり、カット割りにしたり、場合によってはスケッチにして残したりという修練の仕方が覚え方として正しい。

なるべく人と出会って、いろいろな人からもらう知恵や経験を「あの話は我々で言うとこれだな」と、あてはめることが大事。

今の日本の超高齢者は年金暮らしの方が多く、財布に負担のない医療を提供しなければならない。先が見えている人たちに医療で恩返しをするという特殊な領域で再生産性を作るのが今、一番熱いテーマ。

理系009

ロボットクリエイター

高橋智隆

『鉄腕アトム』に憧れて、
コミュニケーションロボットを
たった一人で作り続けるクリエイターは、
スマホの役割をヒト型ロボットが担う
近未来社会を思い描く。

ロボットクリエイター

高橋智隆

TOMOTAKA TAKAHASHI

1975年滋賀県生まれ。2003年京都大学工学部卒業と同時にロボ・ガレージを創業し、京都大学学内入居ベンチャー第1号となる。代表作に「週刊ロビ」「ロピッド」「FT」など。13年に世界で初めてコミュニケーションロボット「キロボ」を宇宙に送り込むことに成功。16年にシャープと共同開発によるロボット型スマートフォン「ロボホン」を発売。ロボカップ世界大会では5年連続優勝し、米TIME誌「2004年最もクールな発明」、ポピュラーサイエンス誌「未来を変える33人」に選定。「エボルタ」によるグランドキャニオン登頂、ル・マン24時間走行等に成功しギネス世界記録認定。現在、ロボ・ガレージ代表取締役社長のほか、東京大学先端科学技術研究センター特任准教授、大阪電気通信大学客員教授、ヒューマンアカデミーロボット教室アドバイザーを務める。

©Akiko Isobe

たった一人でもロボットは作れる？

川村　ロボットというのは何人くらいで作っていくものなんですか？
高橋　それが、僕は社員を持たず、たった一人で作っています。
川村　そんなことが可能なんですか？
高橋　できあがった業界だと、長い歴史の中で既に分担が決まってしまっているので大人数で回していくわけですけど、新しい分野はたぶん、そういうことができない。例えば自動車なんかも創生期は〝バックヤードビルダー〟と呼ばれる職人が、裏庭のような狭いスペースで一人でトンカンやりながらパーツを組み立てて作っていたはずで、今のロボット業界もそれに近い状態にあるのかなと思います。
川村　僕はずっと、社員がいっぱいいるラボを高橋さんが指揮しているんだろうなと思っていました。
高橋　みんなでわいわいやるのも楽しいんですけど、結局、小学校の頃に「みんなで宿題やろうぜ」って言ったところで、はかどらなかったのと一緒です。外部からの刺激や人と会ったりしゃべったりすることも必要だけど、最後のところはやっぱり、一人でうんうん考えて出すものだと思っています。

川村　じゃあ、もしも高橋さんが急にいなくなったら、今あるロボットは二度と誰も作れないっていう……。

高橋　整備ですら、多分できないと思います。ただ、過去にもそういうケースはあって、からくり人形のオルゴールにしても時計の修理にしても、作った人がメンテナンスの資料を残しておかなかったら、お手上げだったりするんじゃないでしょうか。

川村　アポロで月に行った時代のロケットも、もう一度作るのはとても困難だと聞きました。

高橋　もう一回作ろうとしても、ひょっとしたら同じ失敗をしながら、ゼロからノウハウを蓄積し直さなきゃいけないかもしれないですね。

川村　宇宙といえば、若田光一さんとの「きぼうロボットプロジェクト」（※2013年から14年にかけて、高橋さんがトヨタ自動車などと共同開発した「キロボ」が、国際宇宙ステーションに長期滞在中だった若田さんと対話。コミュニケーションロボットとして世界で初めて宇宙に到達）は、夢があって素晴らしかったです。あのロボットは言葉のパターンを何個か覚えてしゃべっているんですか？

高橋　ある程度の言葉を蓄えていて、その中から認識した音声の問いに近い言葉を抽出して、一番適当であろう返事ができます。全く知らない話題であっても、単語を拾って相づちを打ったり、オウム返しをしたりすることもできる。ちなみに、知能部分にはトヨタの技術を載せています。

川村　人工知能を外から持ってくることに関しては、割り切っているんでしょうか？

高橋　そうですね。トヨタもそうですけど、音声認識の技術はたくさんの企業が取り組みを続けてきて、音として言葉を正しく理解するというところは、近いうちに行き着くところまで行くと思うんです。だからそこは専門家に任せて、僕はロボット本体の開発と、どんなコミュニケーションをさせるのかってことに興味を持ってやっています。

どうしてヒト型のロボットなんですか？

川村　高橋さんの作るロボットは、どれもヒト型ですね。

高橋　そもそも『鉄腕アトム』に憧れていて、そんなアニメの影響もあって、自分の中でのイメージはずっとヒューマノイドロボット、ヒト型だったんですよね。ただ、「どうしてヒト型である必要があるの?」という問いには答えられないまま来たんですけど、最近になってやっと理由が見えてきて、おそらく人が感情移入をして、擬人化して、対話をするためのヒト型なんだと思っています。

川村　確かにガンダムとかパシフィック・リムのようなヒト型ロボットの形態は、非合理ですもんね。

高橋　どんな作業をするのにも不向きですよね。でかいから、もしもこけたら何かを壊したり人にけがをさせるかもしれないし、一人前の動きに達しないとただのでくのぼうに見えてきてしまうところもある。例えば掃除をするにしてもルンバがやったらいいわけで、ヒト型が掃除機からコードを出して、しゃかしゃかと動く必要はないですよね。

川村　そうなると、ロボットは実利のためじゃなく、ロマンのために存在するべきなんでしょうか?

高橋　僕ももともとはロマンで作っていたところがありますが、合理的な意味を見いだそうとしたときに、人とのコミュニケーションのために存在するしかないだろうということです。だから、力持ちである必要もないし、等身大でなくてもいいと思っています。

スマホとロボットの2台持ちが当たり前になる？

川村　高橋さんの作るロボットが小型なのは、コミュニケーションの相手にさえなれば、小さくてもいいという解釈からきているんですね。

高橋　そこに命を感じられれば、リアルなサイズのヒト型である必要はない。もっと言うと、スマホくらいのサイズにしたいんですよ。よく「目玉おやじくらいのサイズのロボットを作りたい」という表現を使うんですが、目玉おやじって、ただの一度だって敵を倒したことはないけど、敵の弱点を教えてくれる情報端末じゃないですか。

川村　鬼太郎の、まさにガイドですよね。

高橋　『ピーター・パン』のティンカー・ベルにしても、『ピノキオ』に出てくるジミニーっていうコオロギにしても、主人公を助けてくれるのは、物知りなちっちゃい相棒なんですよね。基本的に人はそういう存在を欲してるんじゃないかなと思います。

川村　ジョブズのプレゼンじゃないけど、高橋さんがポケットからｉＰｈｏｎｅじゃなくて超小型のロボットを取り出す…みたいな未来があり得るかもしれないですね。

高橋 スマホの限界として、せっかく音声認識機能を入れたのに、思ったようにみんなに使ってもらえていないという状況があって、そこはロボットにチャンスがあると思ってます。

川村 単純に恥ずかしいんですよね。スマホに話しかけてる自分が（笑）。

高橋 相手が黒い四角の箱だからイヤなんだと思います。その点、ヒト型なら話しかけやすいかもしれないし、持ち主の趣味嗜好を知るロボットとの会話から多くの情報を得られる。スマホの次は確実に小型のヒューマノイドロボットの時代が来ます。

川村 僕らがそれを買うことができるのはいつくらいになりますか？

高橋 たぶん5年後くらいまでにはスマホと2台持ちが当たり前になって、10年後はスマホとロボットが一体になっていると思いますよ。

ロボットを作り始めたきっかけは？

川村 ロボットを作り始めたきっかけは何だったんですか？

高橋　まだバブルの頃に高校からエスカレーターで大学の文系学部に進学したんですけど、卒業する頃はバブルが終わって就職氷河期になって、「世の中にお金が効率よく儲かる仕事なんてないんだ。だったら、好きなことを仕事にしよう」と思って。ものを作るのが好きだし、機械も好きだし、たまたま好きでやっていた釣りとスキー用品を両方作っているメーカーがあったので、商品企画がやりたくて就職試験を受けたんですが、見事に落ちてしまいまして（苦笑）。それで開き直って「そういえば、小さい頃からロボットを作ってみたかったな」と思い至って、予備校から京大の工学部に入り直して、自分でロボットの技術特許を取ったりしながら始めた感じです。ほとんど成り行きですね。

川村　もともと釣りが好きだったんですね。実は僕も横浜育ちで海が近かったので中高時代はけっこう海釣りをやってたんですけど、確かに釣り具ってロマンがありますよね。

高橋　僕は琵琶湖のほとりに住んでいたので、バス釣りにハマってました。

川村　漁師というのは魚を釣り上げたときの快感が病み付きになると聞いたことがあって、獲物を捕らえるというのは、きっと人間の原始的な快感なんだと思います。

高橋　農業よりわかりやすい直接的な快感だと思いますね。そういう意味で、次の機械や工業製品や科学の進化も、狙いどころはやっぱり感情に訴えるしかないと思うんです。人間の愛着とか感性をうまく引き出すことで、機械と僕たちの関係がもっと密になるんじゃないかなと。今までは便利にするとか、性能を上げるとか、機能を増やすってことを繰り返してきたけど、もう限界までやり尽くしてしまった。

川村 だから、愛着が持てるヒト型のロボットになるんですね。

高橋 ちょっとした要素でも、その本質をつかまえて製品に反映させられたら、とても魅力的なものができるはずなんです。

川村 この間、サンフランシスコにあるピクサーのアニメーション・スタジオに行ったときに知ったんですけど、メイン棟が「スティーブ・ジョブズ・ビルディング」という名前で、実はジョブズがしょっちゅう遊びに来ていたと聞きました。理系の彼も、アニメから何かヒントをもらおうとしていたんだと思います。

高橋 アニメーターは人間が愛着を感じる対象を自然と知っているんでしょうね。一方で工業製品を作っているエンジニアはその感性が欠如していて、例えばロボットアニメで当たり前に起きていることが、実際のロボットでは何も実践されていないということがよくあります。理系の研究者やロボットマニアだけの世界にいたら、日常生活に入っていくロボットは永遠に作れないと思いますね。

「外注」をどう考えるべきなのか？

川村　ところで『鉄腕アトム』って、天馬博士が事故で死んだ息子の代わりにロボットを作るところから始まりますけど、ヒト型のロボットを作るモチベーションってアナログで、人間的な感情なのかもしれませんね。

高橋　天馬博士が息子を失って、ものすごい狂気の中で傑作ロボットを作り上げるシーンは、僕も大好きですね。

川村　高橋さんの中にもそういう狂気に似たものはありますか？

高橋　僕、設計図を書かないんですよ。

川村　それってまさに天馬博士的で、パンクなやり方ですよね？

高橋　設計図って、結局はみんなで「ここはどうしようかね」と相談をする情報共有のためのツールでしかなかったり、工場に部品を発注するためのもので、自分で部品まで作ってしまえば、必要ないと思ってます。僕はいつもフリーハンドでデザインを描いて、木型を削って、それを型にプラスチックを成型して…という感じです。

川村　本当に一人でやるんですね。

高橋　結局は個人の試行錯誤の中にしか進化はないと思っていて、失敗してはその都度、解決のための工夫を繰り返して自分の手を汚さないと、新しい発想は出てこない。外部や下請けに出してしまうと、そこにノウハウは溜まるけど、僕自身には何も残らないわけです。やっぱり過程が大事で、ホワイトカラーは手を汚さないでパソコンに向かっていて、トンカンやるのは中国に任せておけ…みたいなことやっていたら、中国の方がノウハウを蓄積してクリエイティブが逆転されてしまいます。

川村　作るって行為を外注しちゃだめなんですよね。

高橋　だめですね。泥臭いことを絶対的に自分でやらないと。そこはものづくりでは切り離せない部分だと思います。

ロボット開発で日本はどの位置にいるんですか？

川村　ただ、ロボットがスマホの代わりになっていよいよ量産しなきゃならないってなったら、どこかで高橋さんの手を離れていくときがあるわけで、そのときにどこまでを自分のところに残せるかってジレンマが出てきそうですね。
高橋　そのときは外注せざるを得ないんでしょうね。でも、そこでジョブズがやったことは、あらゆる部門に首を突っ込んで、人を罵倒《ばとう》しまくって、いろいろな問題を起こしながら、しつこく関与し続けた。それって周りも面倒くさいし、本人も面倒くさいけど、それをし続けないとクリエイティブというものは守れないんだと思います。
川村　ロボット開発というジャンルにおける今の日本のポジションについては、どう思っていますか？
高橋　実は日本はずっとロボットの分野では世界一だといわれてきました。でも、東日本大震災の原発事故の処理に投入されたのは、軍事の予算を突っ込んで作られたシンプルで頑丈な海外製の作業ロボットだった。つまり、日本のロボットは研究から抜け出せていなくて、産業として成立していないまま、水をあけられている。
川村　悲しい状況ですね。
高橋　となると、可能性があるのはやっぱりコミュニケーションロボットしかない。存在を擬人化して捉えることができて会話をしたくなる「かわいい」という感性のデザインは、欧米人には理解はできても作り出すことができないんじゃないかと。
川村　確かに海外のロボットってかわいくないですね。それにしても、ここにきてソフトバンクまでロボット（※2015年2月から一般販売された「Pepper」）を作り始めて、いよいよロボット戦国時代に入ったなという気もします。

理系の次のトレンドは何ですか？

高橋　ここ10年は言ってみれば「頭のいいやつはコンピュータの世界に行け、そうでもないやつは相変わらず機械でもいじっておけ」という時代だったわけで、結果、コンピュータが機械文明を追い抜きました。でも、人もお金も急にコンピュータに集まった結果、インフレみたいなことが起こってしまって、どんなにきれいなCGを作っても感動しないし、どんなに便利なアプリを作っても100円も払いたくない…みたいな感覚が急に押し寄せてきた。その虚しさから、またプロダクトとかリアルなものを所有して、愛着を持って使いたいという感覚が戻ってきたのかなと。

川村　みんな、オンラインやバーチャルに飽きちゃったんでしょうね。

高橋　そうだと思います。プロダクトの方が相対的に遅れてしまったから、今度はそっちに技術が注ぎ込まれて、伸びる時期なんでしょうね。

川村　ちなみに、プロダクトの時代が戻ってきたとしたら、僕は日本に勝算があると思っていて、例えば日本の映画で唯一全米で1位を獲ったことがあるのは『ポケモン』なんです。キャラクターを作る能力は日本のお家芸なので、海外で勝負するときは、キャラクターでいくのがわかりやすいのかもしれません。

高橋　それってコンテンツを作るということだと思うんですが、よく「日本はコンテンツ産業の国」と言われますけど、ちょっと違うんじゃないかと。なぜなら、一番甘い汁を吸っているのはシステムを作っている人たちなわけで、せめてそこを理解した上でコンテンツを提供する人間でありたい。例えば現代美術家の村上隆さんは、どんな作品をどんな文脈で描くといくらの値段が付いて、どう売れば価値が上がるのかっていうアート業界のからくりを理解して、作品を描いているところがありますよね。

川村　無邪気に「いいものを作れば売れるだろう」という時代はもう終わってしまいましたよね。ピクサーにしてもハリウッドのルールの中で回っている。でも、アメリカ人だけでは回らないから、世界中から才能を集めて作っているわけです。そのときに日本人としてキャラクターを作ることが、どういうポジションの中でどういう理由で必要とされているのかをわかっていないと、てんで勝負にならないと思います。

高橋　ですよね。そこにみんなが一回、絶望した方がいいですね。

ロボットがいる生活はどんなものになる？

川村　5年後くらいにスマホとロボットの2台持ちの時代が当たり前になったとして、そのときに高橋さんがどういうスタイルで働いているのか、興味があります。

高橋　一人会社であることは変わらないと思います（笑）。

川村　そこにライバルはいない？

高橋　今のところ小型のヒト型ロボットで、デザインや動きを盛り込んだものを作れる人間は自分しかいないと思っているので、あとはいつ、ベストなものを完成させられるか。今はひいこら言いながらひとまず小型化を進めているところです。

川村　本当に実現したら、ほとんどアニメの世界ですよね。例えば僕が「今日の夕飯はハンバーガーを食べようと思うんだけど」と言ったら、ロボットが「それは栄養バランスが悪いから、やめた方がいいよ」みたいなことを言ってくれるんですよね？

高橋　はい。ロボットは持ち主との日常的な会話を通じて、個人情報や好みを収集して蓄えていくので、雑談レベルでいろいろな提案をしてくれるようになると思います。

川村　例えば「栄養バランスが悪いよ」みたいなことを突っ込まれたときに、僕が「うるさいよ」って言い返したら、ロボットとけんかもできるようになるんでしょうか？

高橋　そうですね。他にも自分がお風呂に入っている間に、彼女がロボットに問い詰めたりする可能性もあります。「あの人、本当は誰といたの？」みたいな（笑）。

川村　それは怖いな。ロックかけなきゃですね（笑）。

高橋　ただ、ロボットにしても必要に応じて態度を変えたりするんでしょうけど（笑）。

川村　ところで、最終的に僕らはどういう場所で買えるようになるんでしょうか？

高橋　スマホと同じでロボットの端末を月割りにして、初期ゼロ円で電話屋で買えることが必要です。今、急に暮らしの中にロボットが入ってくるのは、多分無理。スマホが発売されたときも一時期ガラケーと2台持ちだったように、しばらくは併用して使ってもらって、やがてスマホが要らなくなるような移行をイメージしています。

川村　そのロボットには、当然、電話機能もあるってことですね。

高橋　そうですね。

川村　でも、スマホを落として画面が割れるだけでもヘコむのに、ヒト型なんて絶対に愛着が湧くはずだから、落として壊れたりしたら相当トラウマになるなぁ（笑）。

高橋　トイレにじゃぼん、とかね。

川村　あとはやっぱり、大人の男として「ロボットとしゃべっているのを見られるのが恥ずかしい」といった心理的な抵抗感をどう解き放っていくかですよね。

高橋　そこに関しては女性の方が抵抗感なくヒト型とコミュニケーションしてくれるんじゃないかと思っています。確かにおっさんが一人でロボットにしゃべっている絵は受け入れられがたいかもしれないので、ビジネスマンにはヒト型でも従来の電話に近い形とか、無機質なものを持たせないといけないとか、いろいろと考えています。

川村　最後に高橋さんのロボットへの情熱を支えているものを教えてください。

高橋　第一に、僕はヴィンテージの釣り竿とかリヒテンシュタイン製の機械式計算機とかを見つけるとすぐに買ってしまう物フェチなところがあって、なかでもやっぱり工業製品が好きなんで、自分が理想とするロボットを見てみたいし、実際に所有したいという気持ちがあります。第二に、それをみんなに使ってもらって「しめしめ」と思いたいというジョブズ的な感覚もある。お金や社会的な地位は、クリエイティブという資産の後についてくるものだと思っています。

川村　5年後にロボットをポケットに入れて歩ける日を楽しみにしています！

（2014年6月　東京・駒場の東京大学先端科学技術研究センターにて）

復習

「5年後にはスマホとロボットの2台持ちが当たり前になって、10年後はスマホとロボットが一体になっている」
『鉄腕アトム』に憧れ、ヒト型ロボットを作り始め、世界的なロボットクリエイターとなった高橋智隆は断言した。彼の作った「キロボ」は国際宇宙ステーションで若田光一さんと対話し、世界で初めて宇宙に到達したコミュニケーションロボットとなった。

毎日一人でラボにこもり、デザインを描いて、木型を削って、それを型にプラスチックを成型して、一体一体手作業で作り上げていく。

「泥臭いことを絶対的に自分でやらないと」と彼は言う。「結局は個人の試行錯誤の中にしか進化はないと思っていて、失敗してはその都度、解決のための工夫を繰り返して自分の手を汚さないと、新しい発想は出てこない」

一方で、「いいものを作れば世界に通用するという日本のものづくりのモデルはすでに崩壊している。胴元のルールを理解しなければ」と、冷静さも併せ持つ。

対談から1年半後。シャープとの共同開発による、ロボット型スマートフォンが製品化されたというニュースが飛び込んできた。

そのとき、フラッシュバックした光景がある。対談後、こっそりと覗いたラボの作業スペース。工具や部品が散乱する壮絶なものづくりの現場がそこにあった。華やかに見える活躍の裏の「泥臭い現場の努力」を感じ、思わず胸が熱くなった。

理系009　高橋智隆さんの教え

ロボットがヒト型である必要性は、人が感情移入をして、擬人化して、対話をするため。だから、力持ちである必要もないし、等身大でなくてもいい。

スマホの次は確実に小型のヒト型ロボットの時代が来る。たぶん5年後くらいまでにはスマホと2台持ちが当たり前になって、10年後はスマホとロボットが一体になっている。

ロボットアニメで当たり前に起きていることが実際のロボットでは何も実践されていないということがよくある。理系の研究者やロボットマニアだけの世界にいたら、日常生活に入っていくロボットは永遠に作れない。

結局は個人の試行錯誤の中にしか進化はなくて、自分の手を汚さないで外部や下請けに出してしまうと、そこにノウハウは溜まるけど、自分自身には何も残らない。

「いいものを作れば売れるだろう」ではなく、一番甘い汁を吸っているのはシステムを作っている人たちであるという事実を理解した上で、コンテンツを提供する人間でありたい。

理系 010

統計家

西内　啓

「統計学は最強の学問」
日本初の統計家は
誰もがデータを当たり前に活用して、
不確実な時代に最適な選択をするため
統計学の有用性を唱える。

統計家

西内 啓

HIROMU NISHIUCHI

1981年兵庫県生まれ。東京大学医学部卒業（生物統計学専攻）。東京大学大学院医学系研究科医療コミュニケーション学分野助教、大学病院医療情報ネットワーク研究センター副センター長、ダナファーバー／ハーバードがん研究センター客員研究員を経て、現在はデータを活用するさまざまなプロジェクトにおいて調査、分析、システム開発および人材育成に従事。著書に2014年のビジネス書大賞を受賞し、シリーズ40万部を突破した『統計学が最強の学問である』『統計学が最強の学問である［実践編］』（いずれもダイヤモンド社）、『1億人のための統計解析』（日経BP社）ほか多数。

©Kosuke Mae

統計学は最強の学問なのか？

西内啓

川村　僕は基本的に勘と経験で仕事をしているんですけど、西内さんの著書でベストセラーになった『統計学が最強の学問である』を読んでみたら、自分のやり方を気持ちいいくらい真っ向から否定された感じがして、面白かったです。もともと子どもの頃から分析的なことが好きだったんでしょうか？

西内　小学校の高学年のとき友達とスーパーファミコンで遊んでいても、気がついたらそこに効率を求めるようになっていました。例えば『ドラクエ』でレベル上げをするときに、風の噂で「山のマップのところと、芝のマップのところで、モンスターの出る確率は違うらしいぞ」と聞くと、実際にどの場所がレベル上げにいいのかを……。

川村　時間を計って確率を出していったんですか？

西内　そうなんです。それが多分、人生で最初の統計解析ですね。

川村　そんな変わった友達、僕の周りにはいなかったです（笑）。でも、なんとなく「山の方がモンスターに会える気がする」と思って感覚的にやっていることを、誰かがカウントして確率で出してくれたら、楽に経験値を上げられますよね。でもそれって意外と面倒くさいので誰もやらない。

西内　僕は喜々として分析結果を友達に教えていましたが（笑）。

川村　そんなゲーム大好き少年が、東大の医学部に行こうと思ったのはなぜですか？

西内　医学部といっても医者になるコースではなくて、生物科学系の勉強をする理科二類という学部に入ったんです。というのも、高校のときに「人間って何だろう」という問いが自分の中ですごく大きくて、脳科学や遺伝子の研究をすればわかるだろうと思っていた。でも、実際に大学に入って片っ端から授業を受けて最先端の話を聞いても、人間のことはほとんどわからなかったですね。

川村　医学では疑問は解決できなかった。

西内　はい。それで目先を変えて文系の心理学や社会学、経済学や経営学を勉強し始めたら、そっちの方が自分の知りたかった人間に迫っていると思ったんです。ただ、一方で当時の自分には、テレビに出てくるような文系の学者は根拠がないことを平気で口にしている印象もありました。だから最初は授業の内容にも懐疑的だったんですけど、よく聞いていくと多くの考えは実験や調査で実証されていて、そこで初めて、答えを導く際に使われている「統計学」というものを意識するようになりました。

川村　「もう、これしかない！」と思ったわけですか？
西内　そうですね。ただ、いざ勉強しようとすると、日本には統計学部とか統計学科がない。工学部に進めば物の品質管理、経済学部に進めばお金の流れに統計学を使ったりはしているんですけど。そこで人間を対象に統計学を教えてくれるところを探したら、医学部だった。医学ってミクロからマクロまで、人間を勉強する世界なんですよね。

「統計家」ってどんな仕事ですか？

川村　「統計家」と名乗っている人は、日本でどれくらいいるんですか？
西内　英語では「スタティスティシャン（Statistician）」と呼ぶんです。統計学の手法自体を作る「統計学者」と、統計学の力を使って応用の研究や実際の業務をお手伝いする「統計家」の両方が含まれます。ただ、日本で僕みたいに公に「統計家です」と名乗っている人は、あまりいないかもしれません。
川村　そうですよね。今は「ビッグデータ」という言葉が出てきて、どの企業もデータを活用しないといけない空気がある。だから、データを分析する部署があったり、それ専門のコンサルタントに特化した企業はあるけれど、フリーの統計家は西内さんが初めての人で、西内さんが発明した商売なんじゃないかと思います。

西内　最近はデータサイエンティストという職業もあって、「ビッグデータの分析をしますよ」って人たちなんですが、どちらかというと僕はデータを使うことをできるだけ当たり前のものにしたいし、一般にも広めていきたい。理想はデータサイエンティストという職業が要らなくなる社会です。

川村　今はどういう企業で、統計の仕事を担当されているんですか？

西内　あらゆる業種ですね。ＩＴ系や小売系、アパレル系の企業もお手伝いしています。大手の英会話教室では、どういう人がどう勉強して、1回の授業を受けることでＴＯＥＩＣのスコアが平均何ポイント上がるのか…みたいなことを分析しています。

アンケート結果を集計した円グラフは意味がある？

川村　西内さんの本で印象的だったのは「あみだくじはどこを選んでも確率は平等だ

と思われているけど、実は真上が当たる確率が高い」という統計だったんですが、当たり前のことなのにほとんど誰も知らないじゃないですか。それって「必勝法なんかない」と信じ込んでいたものに「実は必勝法があった」という話だと思うんですけど、僕はそこも経験と勘で探り当てているところがあります。

西内　経験と勘は大事ですよね。僕もいろいろな会社のお手伝いをするとき「この仕事に関しては自分より相手の方が詳しい」という大前提を忘れちゃいかんと思っています。自分がやるべきことは、会社の中で一番センスがあって勘が働く人がわかっていることを、誰もが会社で使えるものとしてノウハウに落とし込むことなのかなと。

川村　経験と勘を、きちんと数値化するわけですね。

西内　ただ、経験と勘で勝てる人でも無駄なポイントがあるので、そこを見つけていきます。「いろんな角度から検証しましたけど、あなたがやっていることはあっちよりもこっちの方が大事なので、それを全社でやっていきましょう」みたいなことです。

川村　確かに会社ですごく仕事ができる人を分析して、みんなが「そいつのやってることは、つまりこういうことなんだ」というのを共有できて、周りがそれを真似できたら、最強のチームですよね。

西内　そうなんです。

川村　ちなみに、統計と聞いて僕が思い浮かべるのが、「大変よい」「よい」「普通」「悪い」「すごく悪い」というアンケートの回答が反映された円グラフなんですが、「そんなざっくりなデータを取ったところで、どう使うの？」と思うことが多々あって…。

西内　数字が出ているのに、モヤッとした感覚で比較するのはもったいなくて、例えば川村さんの映画でも「前回と今回ではなんとなく今回の方が満足度が高い」という集計で終わらないで、次のステップにつなげる統計に落とし込むことが大事です。

川村　確かに、文系人間は集計を見て、それで満足してしまう傾向がありますよね。

西内　仮に満足度が高かったとしてもそれが果たして利益になっているのか、あるいは歴史に残る評価につながっていくのか…みたいなところを見る必要があって、もっと言うと、そもそも出てきた数字を使って自分たちはどんな意思決定がしたかったのか、その土台を持っていることがポイントだと思います。

即断即決は弱者には不利？

川村　統計学において人間が持っている「曖昧にしておきたい感情」みたいなものが

敵になったりはしないんでしょうか？　会社でも国家でもトップの人間ほど、明確な根拠を否定しがちな気がします。はっきりしてしまうと都合が悪かったりするから。

西内　そこに関しては、ある行動経済学者が書いた『ファスト＆スロー　あなたの意思はどのように決まるか？』（※ダニエル・カーネマン著）という本があって、ファストというのはすぐに判断すること、スローは数などを使ってゆっくり考えることを意味しているんですが、合理的な判断にはスローの方がいいのに、だいたいがファストで答えていると説いています。

川村　なんでも即断即決の方がよいというのは誤解ですよね。

西内　そっちの方が省エネだからなんですが、実は若くて何も持っていないような立場からチャレンジする場合、いろいろなことがスローで決められた方が有利なはずなんです。ファストだと付き合いの長い人だから大丈夫とか、根拠もないのに今さら変えるのもいやだ…みたいなことになりがちです。

川村　ファストの方が既得権益層に有利なんですね。

西内　はい。そう考えたときに、政治的に振る舞うというのも一つの選択肢なんですけど、それよりは日本全体がもっと普通にデータを使うようになって、個人の人生もいい方に転がせるようになるのがいいなと。

川村　データというのは強い人が使うものに思えるけど、実は弱い人が勝つためにあるんだっていうことが広まるといいなと思います。僕は『マネーボール』というブラッド・ピット主演の実話ベースの野球映画が好きなんです。高いお金で買ったスター選手ぞろいのヤンキースに対して、弱小でお金がないアスレチックスがデータを使って選手を集めて、互角に戦うところまでいくんですよね。

西内　勝ち方を選手に伝えるにしても、統計学でそれをルール化すれば、労力を減らせます。あと、世の中の移り変わりがこれだけ速いと、ある時期にワークした勘がすぐに通じなくなったり、変化に付いていけない側面もある。

川村　突然打てなくなるバッターがいるように。

西内　そのパターンは商品開発とかでもありがちで、無意識のうちにセンスのずれたことを堂々とやるケースがいろいろな企業で見受けられます。でも、それは自分の勘が働きづらいところで勝負しているからで、そういうときにデータが裏付けになったり、注意を促す防波堤になったりします。

川村　統計は、よくすることに寄与するだけでなくて、調子が悪くなったときにリカバーするためにも役立つ気がしますね。

西内　これは僕の仮説なんですけど、普段3割を打っている野球選手が2試合ノーヒットなだけで「調子が悪いのかな」と考えてフォームを改造する。でも、3割というデータは7割は打たないということでもあって、そうなると、たまたま2試合ノーヒットってこともシーズン中には普通にあり得るんです。だから「そんなときもあるよね」とやり過ごせば、また普通に打てるようになるかもしれない。

川村　思い込みやこだわりが、マイナスに働くことは確かに多い気がします。7割は打てないってことを肯定する方が大事なんですよね。

「目から鱗の統計学」を教えてもらえませんか？

川村　他に何か「目から鱗の統計学」はあるんでしょうか？

西内　本にも書いているんですが、ブッシュ政権下で2002年に成立したアメリカの教育制度で「落ちこぼれゼロ法」というのがあって、教育関係の分析結果を徹底的に収集したんです。そこで優秀な教師に成功報酬を与える取り組みをした結果、むしろ生徒全体の成績が悪くなったという事例が出たこともありました。

川村　似たような話だと、日本の映画業界でも「アメリカのチケット代は1000円程度なのに、日本は1800円と高すぎる。だから映画館に来る客が増えないんだ」というファジーな意見があって、あるエリアで1年間だけ試験的にチケット代を下げたんです。そうしたら最初は客足が増えたんだけど、1年間終わってみたらトータルの入場者数は実施前とほとんど変わらなくて、だから逆に収入は減っちゃったんです。いったい「代金を下げれば客が増える」って主張した人たちは何を根拠に……。

西内　そうですよね。

川村　「論より証拠」っていう言葉、本当にそうだなと。

西内　「こういう事実がありましたよ」という戦い方をしないといけないですよね。

川村　西内さんは口げんかになっても、絶対に論拠で負けないんじゃないですか？

西内　けんかはあまりしないですけど（笑）。ただ、警告をいくらしても不幸になっていく選択をする人はいますよね。

川村　確かに戦争なんかも、だいたい警告を聞かない人が始めますからね。

西内　戦争は統計的には、ほぼ大赤字です。あと、うちは子どもが1人いるんですが、早期教育でついたＩＱの差が大人になってからも続くことはほとんどないというデータもあります。

川村　早期教育の意味がないということですか？

西内　最近はＩＱよりセルフコントロールの概念を植え付けることが大事とされていて、自分を律することを覚えた子どもは、学校でのドロップアウト率や失業率や犯罪率も低いし、その後も豊かな人生を送ることができるというデータがあります。
川村　私立か公立か、みたいな議論も曖昧にやっていてはだめなんですね。
西内　僕はずっと公立育ちなんですよね。
川村　僕も高校までずっと公立だったんですが、小学校のとき、友達が中学受験をすると言って、突然一緒に遊べなくなったんです。彼は死ぬほど勉強して有名な私立中学校に行って、僕はヤンキーだらけの地元の公立中学校に進んだんですけど、数年後その友達と同じ大学で再会したんです。あのときはすごく複雑な気持ちになりました。
西内　全力が必ずしも最善ではないということを教えてくれるのが統計学です。

個人的にやってみたい統計の分野とは？

川村　西内さんが今後、仕事ではなく個人的にやってみたい統計の分野はあるんでしょうか？

西内　こう見えて中学生の頃から就職するまで、ずっと音楽をやってたんです。もともとベースで作曲をしてて。大学ではバンドをやりながら、他の大学のゴスペル・サークルに通って歌ったりしてました。

川村　統計学の人がゴスペルですか？

西内　はい（笑）。東大の大学院に行くことが決まっていたんですけど、もう一つの野望としてバンドでレコード会社のオーディションを受けたんです。偉い人がライブを見に来てくれるところまで進んだんですが、「まぁまぁうまいけど、ボーカルに魅力がない」と言われて…。サークルに入ったのも、ビジュアルが強くて歌がうまい人がいたらスカウトしようと思って。

川村　僕も子どもの頃から映画と同じくらい音楽が好きで、ずっとバンドでギターをやってましたけど、たいしてうまくなることもなく…夢を諦めました（笑）。

西内　ちなみに、どうしてこの話をしたかというと、そのオーディションに行く前に今から売れる音楽のジャンルを徹底的に分析したんです。当時ネットを見たらオリコンで100位以内に入った曲が過去20年くらいまではさかのぼることができたので、全部ジャンル分けをして、どういう動向があるかとか…。

川村　どんな統計が出たんですか？

西内　細かいことはいろいろあるんですが、あるジャンルの曲がトップ100に入ってからまったく入らなくなるまで、だいたい12年くらいだってことはわかりました。

統計学でヒットは作れますか？

川村　ところで、西内さんは初めて買ったCD覚えてます？

西内　恥ずかしい感じなんですけど、m.c.A・Tの「Bomb A Head!」ってラップの曲でした。

川村　懐かしい！　めちゃくちゃ時代を感じるなぁ。

西内　小学校の頃だったのでよくわからないまま買ったんですけど、世の中的にも一発屋みたいな扱いをされて、その翌年も翌々年も、まったく似たような曲が出てこない。でも、そのうち「ヒットはしないけど、いいラップをやってる」みたいな人がアンダーグラウンドでちらほら出てきて、自分が高校生くらいになったときには「普通にラップやってます」みたいな人がメジャーデビューするようになって。

川村　「Bomb A Head!」は早すぎたわけですね（笑）。確かにいびつなヒットが出て、数年後にじわーっと全体のムーブメントとして浮上してくることは多いですね。
西内　つまり、そういう自分の経験を振り返っても12年周期は説明がつくところがあって、音楽業界も一つのジャンルが売れたからといって方程式を変えずに長く引っぱりすぎると、その次にわけのわからないやつが出てこれなくなって、次の世代の人たちがノレる音楽が生まれなくなってしまうんじゃないかなと。
川村　音楽業界は実際そういう状況に陥ってしまっているのかなという気もします。
西内　いずれにしても、オリコンを20年前までさかのぼっていた頃から、音楽に限らず「人気」とか「センス」とか「クリエイティビティ」っていうものの実態を統計学で明らかにしたいという興味があったんだと思います。

統計学をどうやって広めていきますか?

川村　西内さんにはモー娘。、AKB、ももクロの次はこんなアイドルが来るというのをデータで出してもらって〝統計学アイドル〟をぜひプロデュースしてほしいです。
西内　誰もがデータを当たり前に活用して、不確実な時代に対する答えとして、最適な選択ができることを知ってもらうためにも、音楽のようなクリエイティブな表現の力を借りる必要は感じています。アメリカで行われた10代の喫煙防止キャンペーンの話なんですが、喫煙する若者は反抗心が強いというデータがあって、となると正攻法で「吸っちゃだめ」と言ったところで抵抗されて終わりですよね。

川村　だめと言われれば言われるほど、吸う人たちだと。

西内　そうなんです。ただ、そのキャンペーンのチームには研究者以外にマーケッターがいて、上がそのマーケッターに出したお題は「反抗すればするほど、たばこが吸いたくなくなる仕組みを考えてください」というものだった。結果「たばこ会社の偉い人」という架空のキャラクターを作って、その人が10代の喫煙者を騙しているというシナリオをビジュアルや動画で展開したら、若者はまんまと「たばこなんて吸ってられるか」と反抗して、喫煙率が下がったんです。

川村　たばこの箱にガンのリスクを表記することが、いつまでも効果があるとは思えませんもんね。統計学とクリエイティブがうまくかけ合わされば、伝わることも増えそうです。

西内　最近は、統計を請け負う会社とは別に、分析ツールを作る会社を作りました。分析をできない人が溜まったデータを持っていて、「売り上げが多いお客さんと、そうじゃないお客さんの違いが知りたい」と思えば、その答えを教えてくれるツールがあるといいなと。3クリックくらいで、答えに辿り着けるツールを目指していて、分析結果も、グラフとか数値とかでなく、自然言語にしたいなと思ってます。

川村　確かにデータをデータのまま見ても、文系人間としては、どうしたらいいかわからないですからね。

西内　それこそゲームに戻りますけど、『ドラクエ』の下のウィンドウに出る「52のダメージ」っていうのも、グラフじゃなくて言葉だから、みんなちゃんと受け入れてくれますからね（笑）。

（2015年12月　東京・神保町の集英社にて）

復習

対談場所の集英社に、ドクターズバッグを持ってスーツ姿の西内啓が現れた。医者のような姿をした「統計家」の登場だ。

「日本全体がもっと普通にデータを使うようになって、人生をいい方に転がせるようになるのがいい」。幼少期に『ドラゴンクエスト』のモンスター遭遇率を数値化して、友達に配っていた少年は、日本初の統計家になった。

「一番センスがあって勘が働く人がわかっていることを、誰もが使えるものとしてノウハウに落とし込む」

　経験や勘をデータとして集計し、分析し、皆が使えるものにする。その根本にあるのは、「人間を幸せにするために統計学はある」という思想だ。データというのは強者が使うものだと思われがちだが、本当は弱い人が勝つためにある。

「理想は統計学が当たり前となって、統計家の仕事が不要となるボトムアップされた世界」と彼は語る。

　けれども、とかく人間は根拠に向き合うことを嫌う。

「論より証拠」は無視され、感覚的に行動し、過ちを繰り返す。いまだに僕らの周りには「背中を見て学べ」「失敗は成功のもと」など根拠がない言葉が溢れ、知らぬ間に強者のみが有利な世界が作り上げられている。

「戦争は統計的には大赤字」。そんな西内啓の言葉が、対談後もずっと心に残っている。

理系010　西内啓さんの教え

自分がやるべきことは、会社の中で一番センスがあって勘が働く人がわかっていることを、誰もが会社で使えるものとしてノウハウに落とし込むこと。

円グラフの結果などを活かすときでも、そもそも出てきた数字を使って自分たちはどんな意思決定がしたかったのか、その土台を持っていることがポイント。

世の中の移り変わりがこれだけ速いと、ある時期にワークした勘がすぐに通じなくなったり、変化に付いていけない側面もある。統計学はそういう自分の勘が働きづらいところで勝負するときに裏付けになったり、注意を促す防波堤になったりする。

子どもに対しては早期教育より、セルフコントロールの概念を植え付けることが大事というデータがある。自分を律することを覚えることで、学校でのドロップアウト率や失業率や犯罪率も低くなるし、その後も豊かな人生を送ることができる。

全力が必ずしも最善ではないということを教えてくれるのが統計学。誰もがデータを当たり前に活用して、不確実な時代に対する答えとして最適な選択ができることを知ってもらうためにも、この学問を広めたい。

LINE 取締役 CSMO

舛田 淳

月間利用者2億人を誇る
LINEにおいて
サイエンスとアートを束ねるプランナーは、
「朝礼暮改、上等」を合言葉に
ノリのいい理系集団とともに世界に向かう。

LINE 取締役 CSMO

舛田 淳

JUN MASUDA

1977年神奈川県生まれ。2008年にNAVER Japanに入社、事業戦略室長／チーフストラテジストに就任。12年に傘下であったNHN Japanグループ3社の経営統合に伴い、NHN JapanのLINE、NAVER、livedoorの事業戦略・マーケティング責任者として執行役員／CSMO(Chief Strategy & Marketing Officer)に就任。13年にNHN JapanがLINEに商号変更。14年にLINE上級執行役員 CSMOに就任。15年4月より現職。

©Kosuke Mae

LINEはどういう人たちが始めたんですか？

川村　舛田さんには、2012年に僕が書き下ろした初小説『世界から猫が消えたなら』をマガジンハウスの編集者と持ち込ませてもらって、そのときに「面白かったから、LINE初の連載小説として発表を」と提案していただいて以来の間柄ですね。

舛田　あれは完全にノリでしたね（笑）。

川村　無名な作品を「面白かったから」という理由だけで取り上げてくれたのに驚いて、確かにノリのいい会社だなと思いました。その印象は今も変わっていませんが、多くの人はLINEという企業をITという括りで見ると思うので、すごく戦略的で、ビジネスにシビアなんだろうという印象を持っているんじゃないかなと思うんです。

舛田　そういう印象を持たれることもありますが、LINEは決してそのような文化の集団ではありません。今日はLINEらしいやわらかいところをお話ししますね。

川村　まずはプログラマーを中心に理系の集団を束ねている企画者としてのお話を伺いたいんですが、今現在のLINEのユーザー数は、どれくらいなんですか？

舛田　日本で6800万人、全世界ではアクティブユーザーが月間2億1500万人くらいで、現在もアジアを中心に成長しています。

川村　すごい数ですね…舛田さんを筆頭に当初はどういう人たちが始めたんですか？

舛田　今のLINEには韓国のオンラインゲームコミュニティ「ハンゲーム」、同じく韓国の検索サービス「ネイバー」、ご存じ「ライブドア」という3つの系譜があるんです。まず私もいた「ネイバー」の日本法人がグーグルとヤフーに勝負を挑んで、日本でこてんぱんにされた。結果、私も含め経営陣が「スマートフォンアプリに特化したコミュニケーションの新しいサービスを考えろ」という指令を出して、こてんぱんにされたチームにいた3人の女性たちが、考えに考え抜いて、半分泣きながら骨子を作ったんですよ（苦笑）。

川村　7人の侍ではなく、3人の女侍がいたんですね。

舛田　ちょうど東日本大震災で社会のトレンドが変わった頃で、それまでは不特定多数の知らない人とつながるためにネットのテクノロジーを使っていたけれど、「それって違うんじゃないの。目の前にいる人との関係が軽く見られているけど、本当はこっちが大事でしょ」ってことになった。それで開発とデザインのエース級の人材を引っぱってきて、最初は10人強くらいのチームで始めました。

川村　それでもたったの10人。ゲリラ戦だったんですね。

舛田　そうですね。しかも2011年の春にスタートして、当初目標としていた100万人を突破するまでが本当に大変で、最初の1、2カ月は数字がぴくりとも上がらない状態でした。社内に反対の空気があるのに、内部ベンチャー的に一部のメンバーだけで開始したところもあって、スカイプやツイッターやフェイスブックがある中で、普通に見れば決して成功の確率が高いプロジェクトではなかった。だからこそチャンスがあると思って始めたんですけどね。

どうやってユーザーを拡大していったんですか？

川村　びっくりするくらい反応がない状態のとき、どうあがいたんですか？

舛田　個人的には大嫌いな戦法なんですけど、「会員登録をするとギフト券をもらえるよ」みたいなプロモーションをやってみたりもしました。でも、20万人分用意したのに、12万人分くらい残ってしまって（苦笑）。

川村　失敗ですね（苦笑）。最終的にはどう火が付いていったんですか？

舛田　当初は単純に電話番号帳と連動した1対1のメッセンジャーでしかなかったんです。だから、ツイッター上でも「これは使いやすい」というコメントはあっても、口コミには至らなかった。でも、その後に「スタンプ」と「無料通話」を導入したことで、「変な表情をしたスタンプがいっぱい使えて、電話も無料で、すごく使えるメッセンジャーアプリがあるよ」って話が広がった。その頃になるとツイッターやLINEの中にある招待機能を介して勧めてくれる人も増えてきました。

川村　最後のトドメはあったんですか？

舛田　口コミというのを分析していくと、そこには必ず言葉の引き金があるんですよね。そこで、初のテレビCMにベッキーさんに出てもらって、彼女の台詞を通じてLINEの価値を普及してもらいました。結果、「ベッキーがCMに出てるアプリ」ってことでやっと口コミが広まって、登録ユーザーが1000万を突破して、ようやくビジネス層にも広がっていった感じでしたね。

川村　ネットの世界の口コミは本当に強いと思うんですが、その背景を細かく解析をした結果が、ブレイクスルーにつながったんですね。

舛田　もともとツイッターが好きすぎて、ツイッターにかじりついて、そこでコミュニケーションをしていたんですけど、「いいね！」を1万回押されても、シェアを

1万回やってもらっても、響かないものはやっぱり響かない。口コミにつながるのは、あくまで強い意志を持って発せられた言葉の力なんです。

川村　強い意志、ですか。

舛田　はい。もちろんその後ろでは「どうやったら数字が上がるんだろう」ってことはやっているんですよ。でも、〝数字に強い人〟というのは、数字が的確に読めるとか、数字をあるがままに受け入れられるとかだけでなく、数字から人間の次の行動を抽出できる人でもある。サイエンスだけでなくアートも両方をかき回して考えられる脳が、マーケティングには必要だと思います。

LINEとフェイスブックの違いは何ですか？

川村　ちなみに、僕はツイッターもフェイスブックもやっていないんです。オープンな場所で知らない人も含め多くの人とつながっていくことが、あまり得意じゃない。いまだにバックパッカーをやっているので、安宿とかでリアルに知り合うのはかまわないんですけど、一回も会ったことがない人やよく知らない人とネットでつながることに恐怖心があります。でも、こんな僕でもLINEは初期からやっていました。手紙の交換と変わらない感覚があって、生理的に違和感がなかったんですよね。

舛田　そういう意味では「リアルタイムで、リアルな関係の人と、リアルなコミュニケーションができる場を」という気持ちがありました。ツイッターとフェイスブックがなければ、ＬＩＮＥは生まれていないと思います。

川村　確かにＬＩＮＥの戦い方は真逆ですね。フェイスブックでは自分の仕事や主張、交友関係をアピールすることに躍起になって、別人格になる人もいると聞きます。

舛田　そうじゃなければ、どこでご飯を食べたとかって話になるし、投稿したいからミシュランの店に行こうみたいな、手段と目的をはき違えてくる。でも、それって実際はやる方も見る方も疲れるんじゃないかと思うわけです。

川村　『億男』という小説を書いたときも、本屋に行ってお金にまつわる本を調べたら、「億万長者になるには」みたいなものしかなかった。でもそのとき「億万長者になるよりも、どうやってお金と距離感を持って幸せになるかだよな」と思ったんです。だから、フェイスブックで高級料理やリゾートの写真を載せるほど、もしかしたら幸せから遠ざかっていったり、見ている友人からも疎まれていくんじゃないかなと思うときがあって、ＬＩＮＥはそこの矛盾を突いた感じがありますよね。

舛田　例えばフェイスブックの創始者であるマーク・ザッカーバーグのエッジの利いた思想として「世界の70億人をつなげたい」っていうのがあった。それはそれで素晴らしいし、今までのインターネットやテクノロジーも最大限それをやってきたと思うんですが、よく考えてみると、気持ち悪くないかって。ビジュアル化したら、全員が手をつないでいる状態です。その先にはきっと、あまり好きじゃないやつもいるし。

川村　危険なやつや、こっちが好きじゃないやつもいるかもしれない。

舛田　そうなんです。そんな状況を全員がウェルカムだと思っていないんじゃないかと。一般の人たちには小さなパーソナルゾーンが存在していて、そこに他人が入ってきてはいけない。70億人とつながらなくてもいいけど、ワン・トゥ・ワンや家族のような単位のつながりが世界中に山ほど生まれていくのがLINEの理想的な姿です。

LINEの技術開発で大事にしたのは何ですか？

川村　僕がLINEを使い始めてまずびっくりしたのは、そこに生理的に気持ちいいコミュニケーションのリズムが作られていることでした。会話とか電話だとオンタイムのものが、メールになった途端、カチカチ点滅してやっと届く。それが僕にはストレスで。でも、LINEは打ち込んだ言葉がぱっと出てきて、しかも相手が読めば、またぱっと既読になる。

舛田 大前提として、クローズドだからこそ余分なものは排除したかったんです。例えばメールで言う「件名」も要らない。LINEのチャットの部分は日本では「トーク」となっていますが、まさに会話をするようにLINEを使ってくださいと。そうなると、既読かどうかがわからないと、リアルタイムでぽんぽんと会話は成立しないし、そもそもメールとあまり変わらなくなってしまう。

川村 情報を絞り込んだデザインと、「既読表示」という技術的な発明があったと。

舛田 スタンプにしても、リズムよくトークができる大きさを追求してきました。デザインとテクノロジーのチームがよく実現させてくれていると思います。

川村 同時に何千万人もの人がLINEをやっているわけなので、ぽんぽんとやりとりできるスピードを保つためには、相当な技術が必要なんだろうと想像します。

舛田 あまり目立ちませんが、LINEを支えるインフラ技術は世界トップレベルだと自負しています。例えばスタンプをアニメーションにしたり、そこに音を付けたいという発想も初期段階からあったんですが、リズム感の気持ちよさを感じてもらえない状態でリッチコンテンツだけを上乗せしてもメールと変わらなくなってしまうと思ったので、実現まで少し時間がかかりました。

川村　舛田さんの「これは気持ちいいけど、あれをやると気持ち悪い」というジャッジ力は、LINEにとってなくてはならないものなんだと思います。

舛田　全部を自分がジャッジしているわけではないんです。ただ、「こういうサービスや体験が必要だ」という理想を形にしている会社なので、チームにとてつもない創造性を発揮してもらわなければならない。この会社にはすべてにおいて前提がないんです。私の役割にしてもコードも書かなければ、デザインもしない。ただ、サービスや体験を必要なものとして言語化して、現場の人たちがそれぞれの立場でその都度言ってくれるパズルのピースとなる言葉やアイデアを、一つの物語にすることが仕事です。そこには「生理的に気持ちいい」とか「悪い」という感覚での判断も入ります。

ヒットする企画を生み出すコツはありますか？

川村　おそらく、舛田さんと僕はかなり近い動きをしていると思います。僕も映画を作るとき、脚本家や映画監督や俳優のクリエイティブが発露されているところを見つけながら、「あれとこれをくっつけて、こうやってくれたら、こう面白くなるのではないか」みたいなことを言葉にして伝えています。

舛田　確かに似ていますね。あと、よく社員には「足し算、引き算、掛け算、割り算くらいができると、企画ができるし、事業も考えられる」と言っています。ある事象に何かを足してなんとかなったり、引き算をしてシンプルにしたり、掛け算をしてスケールをアップしたり…ということなんですが、だいたい方式を導き出して数学的な考え方ができれば、どんなものでも一定の形には持っていける。

川村　非常に数学的なクリエイティブですね。

舛田　最初から方程式とか因数分解とかにいくとハードルが上がってしまうけど、四則演算くらいなら、誰もがベースとして共有できる。例えば人も物もアイデアも空気もひっくるめてレイヤーをどんどん足していって、そこから1枚取って、また1枚を他から取ってきて足してみるということを繰り返して、輪郭を作っていく感じですね。

川村　僕の小説の作り方も似ている部分があります。自分の書きたいテーマがあって、その上で大量に取材をして、レイヤーを重ねて、最後に掛け合わせたり、ある部分を丸ごと抜いたりして、書きたいものの輪郭を見つけていくところから始めます。

舛田　極論というか、最大限何かを足してみるとか、最大限振り切らせてみるとか、そういうやり方が大事だと思っています。世界のモンスターサービスたちと戦っていくには通常のやり方では歯が立たない。そうすると、0から1のサービスを生み出すために、10回に1回しか当たらないかもしれないけど、ゲリラ戦を繰り返さないと無理なんです。

川村　でも、今は成長社会ではないし、失敗が許されなくなっているので、下からこつこつ積み上げていくことが賞賛される空気があるじゃないですか。現実問題はそういうやり方では、特に海外なんかを相手にしたら、なかなか勝てないと思うんですが。

舛田　実際の勝率より、こつこついった方が論理的に見える。でも、私は積み上げるだけでなく、壊していきますね（笑）。論理性だけでは絶対に月に行けないですよ。

これからのLINEに必要なものは何だと考えますか？

川村　ITの企業は、アップルもグーグルもマイクロソフトもフェイスブックも、それぞれの個性を持っているところがすごいと思うんですが、LINEがそこに並ぶために、今、何が必要だと感じていますか？

舛田　どちらかというと存在感の話になりますね。時代もユーザーも変化する中で、明快にニーズがあって、足し算での利益は出そうでも、掛け算にならないならやらない。さんざんプランしても、「今のＬＩＮＥは掛け算になることをやる時期だよね」ということで、最後の最後でボツにすることもあります。

川村　今のＬＩＮＥには決定打しか必要ないし、そうじゃないと存在感を出していけないということですね。ちなみにＬＩＮＥは最近、ゲームにも力を入れていますね。

舛田　日本のインターネットの会社で「これしかやっていない」というところは少ないと思います。ＤｅＮＡもモバゲーでゲームをやり出す前は、ＳＮＳやＥＣをやっていましたし。

川村　ただ、ＬＩＮＥが日本だけで６８００万人のプラットフォームになってしまった今、簡単に会社のサービスを変えますとは言えないでしょう？

舛田　そこはあまりこだわりがないんですよね。取材に来る記者の方にも「今日はやらないと言っていても、明日はやると言うかもしれないよ」と伝えています。流れが来たときにどうあるかを大事にしたいですね。

川村　僕も最近、「優柔不断」をテーマに生きています。やわらかいということが、すごく大事な時代だと思うんです。固くなった瞬間に、逆にいろいろな判断を誤る。昔は一本道で突き進むのが美しいとされてきましたが、今はそれだと変化が激しいから、世の中とも人ともコミュニケーションがとれなくなる気がします。

舛田　偶然ですが、私も社員に「朝令暮改、上等」と言っています。インプットされる情報が変われば、こっちも変わらなければおかしい。私たちは昔から事業計画も立てないんですが、硬直化を避けるという意味もあるんです。一度計画を立てて、どこかに向かって進もうとすると、すべてのズレが悪になる。必要なノイズも聞かないようにしてしまうんですよね。いずれにしても、一度下した判断であってもいつでも変えるというスタンスが一番リスクがないし、後出しジャンケンも含め選択肢が増えるはずです。

日本の理系人が変化してきた?

舛田　この国はたとえバブルが崩壊しても、社会環境や構造が劇的に変わるということなくここまで来たと思います。でも、それは国内だけで競争していたからで、今のように海外からいろいろなものが入ってきて、日本が開発したものが他国に特許を持っていかれてしまうことが山ほど出てくると、さすがにもう変わらないと難しいですよね。

川村　この対談シリーズでお会いしたドワンゴの川上量生さんが「一番いい勝ち方は不戦勝」という話をしていたのが印象的でした。なるべく敵がいないところを探して戦わないといけないのに、日本人はよりによって一番敵が多いところに飛び込んでいって戦う癖がある。そもそもの勝ち目やそこに存在するルールを見つめる目が、国内でしか戦ってこなかった日本人は弱いのかもしれません。

舛田　理系の人たちがもしかしたら変わってきているのかなと思うのは、例えば日本だと、今まではスペックで勝負をしてきた。でも、今はもうスペックだけで勝負ができると思っていない。よく相談を受けるのは「どうやったら、体験に落とし込み、付加価値を持たせられるのか。そのために技術はどうあるべきか」ということだったりします。

川村　技術や商品やサービスをどうやって好きになってもらえるか、愛着を持ってもらえるか、定着をさせることができるのかってことですよね。どんな仕事でも、それがあって初めて、共感も感動もあるんだと思います。

理系的な海外との向き合い方とは？

舛田　インターネットの業界にいると「対海外勢に関してはどう思いますか」とよく聞かれるんです。でも、いったい対海外勢って何なんだっていう。

川村　インターネットの世界に国境はないですもんね。

舛田　やっぱり海外の企業に対する黒船感がいまだにあるんだなと思います。

川村　アップルにしてもアメリカが始まりですけど、全世界にユーザーがいますしね。

舛田　そういう意味で、今うちが出資をしているトランスリミットという原宿のスタートアップがあって、『ブレインウォーズ』『ブレインドッツ』というパズルゲームが2本連続で、世界1000万ダウンロード超えを達成したんです。20代の若者が代表で3人で始めて、今でも数十人くらいしか社員がいないんですけど、実はダウンロードした1000万人中、日本のユーザーが劇的に少ない。つまり、当初から「どうしたら世界で多くのユーザーを獲得できるのか」という頭なんですよ。

川村　それは頼もしいですね。

舛田　起業して1本目から「世界で」と言えるって、ちょっとすごいなと思います。日本でヒットを出してアメリカとか海外に出ていく事例は今までもいっぱいありましたけど、トランスリミットの若者たちはそんな経験則を放棄している。

川村　しかも国内で成功してから海外に出ると、逆に経験則が邪魔になることもあるはずですよね。イチローが大リーグで成功できたのも、アメリカのベースボールのスタイルに合わせて、バッティングフォームをどんどん変えていったからだと思います。

舛田　やっぱり水のように変幻自在でいなくちゃいけないんだと思いますね。

10年後のLINEはどうなっていると思いますか？

川村　変幻自在でいようとしている舛田さんを相手に野暮な質問だと思うんですが、10年後にLINEはどんなことをやっているんでしょうね？

舛田　それは本当に意味のない質問ですよ（笑）。

川村　ですよね（苦笑）。

舛田　ただ、これからの時代に、ユーザーがコンテンツにお金を払うというビジネスが成立するのかどうかには、興味がありますね。インターネット＝フリーなので、あらゆるところで無料サービスはもう行き渡り切った印象もあって、ここからはネット上にＶＩＰサービスが出てくるんじゃないかなと思っています。実際、中国なんかではもう存在していています。

川村　ＬＩＮＥとして海外の会員はまだまだ増える余地はありそうですか？

舛田　海外に関してはピンポイントでトップシェアをどう取っていくかだと思っていて、今、特にウエイトを置いているのはインドネシアをはじめとしたアジアです。インターネットもスマホの普及もすごい勢いで伸びていて、言葉が多様なので、ＬＩＮＥのメッセンジャーサービスとも相性がいいと感じています。

川村　そこに舛田さんならではの必勝法はあるんでしょうか？

舛田　僕は「こうじゃなきゃいけない」というガチッとした価値観を持ったかたくなな人たちに向けて「別にそうじゃなくてもいいかも」と思わせる何かを探して、提案するのが好きなんです。インターネット的なものが嫌いなおばあちゃんでも、子どもや孫との間のコミュニケーションに使えるとわかれば、途端に「スマホもＬＩＮＥもいいわね」ってことになる可能性はある。

川村　あるでしょうね。

舛田　そういう意味で、今までのネットはコアな人たち向けのサービスだったのが、スマホが普及して一般の人たちがハイスペックマシンを持つようになって、ようやく大衆化した。結果、ネットのサービスもデバイスもやっと人々が自由に選ぶ段階に入ったと思っています。LINEとしてもここから大衆サービスになる方法を考えていて、かたくなな人々の心をどう開かせるかを考えるのはちょっと快感ですし、そこを発想できたら、勝てると思ってます。

川村　一軒家に住むかマンションに住むか、ファストフードなのか高級レストランなのか…みたいなことと一緒で、日常生活の選択の中にいよいよネットがカテゴリーとして食い込んできた今、LINEがどうなっていくのか楽しみにしています。

舛田　まぁ、朝令暮改、変幻自在でいくだけですから（笑）。

（2015年9月　東京・渋谷のLINEにて）

復習

舛田淳との出会いは、2012年。僕の初小説『世界から猫が消えたなら』を読んで「面白かったから」という理由だけでLINEで連載することを決めてくれた。上を下への会議もなく、即決だったのを、いまだに思い出す。

「フェイスブックとツイッターがなければLINEは生まれなかった」

一人が多くの人とつながることが正義とされていたネットの中で、太古から続く1対1のコミュニケーションを提案した。

「サイエンスだけでなくアートも両方をかき回して考えられる脳が必要」

無料通話、既読表示、スタンプ。人間の生理を、理系脳と文系脳をリレーションして見事に理解し、直感的な会話を再現したインターフェースにより、世界中の多くの人にとって欠かすことのできないツールとなった。たった10人強のメンバーで始めた「ゲリラ戦」は、着実に海外へと拡大している。

「もともとすべてに関してこうじゃなきゃいけないっていうのもないし、ルールもポリシーも進化するべき。流れが来たときにどうあるかを大事にしたい」

とりとめなく見えるその指針も、やわらかさの証し。「朝令暮改、上等」と語る舛田淳の〝やわらかな野心〟が時代に合わせてどうLINEを変えていくのか？アップル、グーグル、フェイスブックに肩を並べる日がやがて来るのか？

その動向からますます目が離せない。

理系011　舛田淳さんの教え

東日本大震災までは不特定多数の知らない人とつながるためにネットのテクノロジーを使っていたが、「目の前にいる人との関係が軽く見られているけど、本当はこっちが大事でしょ」と社会のトレンドが変わって、生まれたのがLINE。

“数字に強い人”というのは、数字が的確に読めるとか、数字をあるがままに受け入れられるとかだけでなく、数字から人間の次の行動を抽出できる人でもある。

ある事象に何かを足してなんとかなったり、引き算をしてシンプルにしたり、掛け算をしてスケールをアップしたり…足し算、引き算、掛け算、割り算くらいができると、企画ができるし、事業も考えられる。

こつこつ積み上げた方が論理的に見えるが、それだけでは絶対に月に行けない。

朝令暮改、上等。インプットされる情報が変われば、こっちも変わらなければおかしい。

今までのネットはコアな人たち向けのサービスだったのが、スマホが普及した結果、ネットのサービスもデバイスもやっと人々が自由に選ぶ段階に入った。LINEとしてもここからどう大衆サービスになれるのかがミッション。

理系012

インターフェースデザイナー

中村勇吾

「コンピュータは間違えない」
「物語」ではなく「様相」にこだわる
インターフェースデザイナーは、
時計のように「ずっと見ていられるものづくり」で
メディア表現の可能性を切り開く。

インターフェースデザイナー

中村勇吾

YUGO NAKAMURA

1970年奈良県生まれ。96年東京大学大学院工学系修士課程修了。橋梁設計会社、ウェブ開発会社を経て、2004年tha ltd.を設立。以降、ウェブサイトを中心にCFなどの映像まで、アートディレクション、デザイン、プログラミングを手がける。主な作品にカンヌ国際広告祭でグランプリを受賞したNECの環境サイト「ecotonoha」(04年)、ユニクロやKDDI「iida」の広告など。他にもNHK Eテレで放映中の『デザインあ』の映像監修も手がける。毎日デザイン賞(09年)、TDC賞グランプリ(09年)、芸術選奨新人賞(メディア芸術部門・13年)ほか受賞。現在、多摩美術大学教授も務める。

©Kosuke Mae

理系同士の仕事ってどんな感じですか？

中村　どうしてまた「理系」の人々との対談を？

川村　僕は昔から、数学とか物理に対するコンプレックスがすごくあって。でも、映画や小説という文系の分野で仕事をしてきて、たまに理系サイドの面白い人たちと会うようになると、アプローチは違うけど、人間が生理的に気持ちいいと感じるものを形にしようとする部分は意外と似ているのかなと思うようになったんです。それに異分野同士が組んだ方がチームとしても行き詰まることがなく、強いのかなと。

中村　確かに理系同士だとボソボソしゃべっているだけで、あまり会話が弾まない……。しかも専門を隔てるとお互い途端に素人になって、「ふーん」みたいな（笑）。

川村　これから世界がドラスティックに変わるとしたら、わかりやすい例ですけどスティーブ・ジョブズのように理系出身で、なおかつアートやストーリーがわかる人が最強なのかなと思うんですよね。

中村　僕はストーリーが全然わからなくて、ウェブの仕事でも「人の感情を動かす何かを」というリクエストがあるんですが、圧倒的にできないと感じていて…。もちろん普通に映画やアニメを観て感動するんですけど、興味があるのは感動した理由より、『千と千尋の神隠し』なら「ここのシーン、急に描画量が上がったな」とか「ここはCGで済ませたんだな」みたいなことだったりもして。

川村　理系的な映画の観方ですね（笑）。

中村　だから、物語じゃない面白さを必死に編み出そうとしてきたのが、今までやってきたことでもあります。物語って盛り上がった後がしんどいじゃないですか。

川村　クライマックスの後ですよね。

中村　そうなんです。そこをどうやり過ごしたらいいんだろうと考え始めると答えが出ないので、同じトーンでずっと見ていられる映像やプログラムを意識して作っています。僕にとっては物語に対峙するものでもあり、様相というのかな。

川村　波打ち際を延々と見ていても飽きないみたいなことですね。

中村　そうですね。あと時計とかも授業中とかにずっと見ていられたフォーマットです。秒針と長針の関係って、なかなか見がいがあって、飽きないでしょ。

川村　「物語」に対抗する表現方法として「様相」というのは、すごく興味深いです。文系は起伏を作ることで、ジェットコースターじゃないけど、人の感情を動かそうと一生懸命になっているのに。

ウェブに合った表現と、合わない表現の違いとは？

中村　映画の起伏というのは、どういう曲線になるんですか？

川村　『スター・ウォーズ』などがわかりやすいんですが、主人公の起伏としては日常があって、でも突然それが破壊されて、葛藤しながらも冒険に出て、仲間を得ながら前向きに進んでいくんです。でも、物語の半分くらいから雲行きが怪しくなっていき、ラスト3分の1を残して最悪な状況に追い込まれて、何もかも失って、絶望から立ち上がって、勝利して終わる。これはギリシャ神話にもあるような、昔から変わらない王道の構成だったりします。

中村　「このくだりを20分引っぱるとやばいぞ」というのもあるんでしょうか？

川村　『トランスフォーマー』などは、15分の中で起承転結をめまぐるしく描いて、それをひたすら繰り返すみたいな構成を採っていたりしますね。言葉がなくても世界中の誰でもわかるし、飽きる瞬間を作らない、みたいな。

中村　そういうのって、流行とかもあるんですか？　「ここ2年はこのフォーマットが来てる」みたいな。

川村　多少はあるかもしれないです。平穏な日常から入るところをすっ飛ばして、異常なことが起こってテンションが高い瞬間から始めるのが流行った時期もありました。逆に質問なんですが、中村さんが作られるウェブサイトの「ここは押さえなきゃ」みたいなポイントは、どこにあるんですか？

中村　ウェブはとにかくフォーマットが強いというか、記事でも「今すぐ知りたい10の〜」というバイラルで広がるタイトルの付け方や、YouTubeも最初の2、3秒でカマさないとだめみたいなところがある。2000年代の初頭からウェブのデザインに関わり始めたんですが、当時は企業がウェブにお金をかけ始めた時期でもありました。最初に話題になったのは「BMWフィルムズ」と言って、BMWがテレビCMの代わりに7人の映像監督にウェブ発信の贅沢なショートフィルムを作らせたりして。

川村　ガイ・リッチーとか、有名映画監督も撮ってましたね。

中村　そうです。ただ、映画のフォーマットをいきなりウェブに置いたので、いろいろなシーンがまどろっこしくて、違和感もありました。だから、いつアクセスしていつ離れてもいい、ウェブならではの見方に合った時間軸で作らないといけないと思って、そういうフォーマットを探して、さっきの波打ち際の話じゃないですけど、〝ループもの〟を作り始めたんです。気持ちのいいヒップホップのループを延々と聴いているみたいな、スルメをずっともぐもぐ噛んでいるみたいな。

川村 映画館の中に閉じ込められて離脱できない映画と、離脱前提のウェブでの映像表現は、根本的に成り立ちが違うのかもしれませんね。

コンピュータは間違えない？

中村 僕はコンピュータのシミュレーションみたいな映像も昔から好きで、映画の世界でも水のCGの再現だったり、YouTubeとかでもCGの制作会社が「水の表現でこんなこともできます」みたいなデモを上げてたりするじゃないですか。ああいった一つのルールがどんなときも何のエラーもなくずっと動いていて、「コンピュータは絶対に間違えない」というものは、ずっと見続けていても苦にならないです。

川村 本当にデジタル・ラバーなんですね。天気も変われば、俳優の芝居も変わる映画の世界は、中村さんの嗜向とはもっとも対極にあります。

中村　僕もたまに映像の仕事をやるんですけど、撮影が苦手で（笑）。本当に一回ごとに変わるので、再現性がない。いくら俳優がよくても、カメラのアングルがこれでよかったのかなとか、あるじゃないですか。

川村　ありますね。

中村　でも、一番欲しいのはその空間を全部キャプチャーするカメラで、全部を集めて、後でアングルをつなげて加工したいんですよね。

川村　それはCGアニメの作り方ですね（笑）。もともと子どもの頃から、コンピュータが好きだったんですか？

中村　そうですね。ただ、中学のときに初めて買ってもらったコンピュータが性能的にしょぼくて、一通りやったら、その後は見向きもしなかったですけど。

川村　ちなみにどのモデルですか？

中村　シャープの「X1」という、パソコンもテレビも見られるみたいなやつでしたね。それを使って「BASIC」をやっていました。『マイコンBASICマガジン』という雑誌の裏に何十ページも掲載されてる、ゲームが立ち上がるプログラムのソースコードをひたすら打ち込んだりして。とにかくインベーダーゲームを立ち上げたいから泣きながら打つんだけど、「できた」ってなっても、絶対に動かないんですよ。

川村　僕もやりましたけど、一度しか動きませんでしたね。あのときが理系に挫折した原点のような気もするし、プログラムの作業には一切喜びを感じられなかったです。

中村　僕としても喜びは一つもなかったんですが、大学に入って久しぶりにＭａｃを触ったら、めちゃくちゃ進化していた。ＣＰＵのスピードとかも普通に１０００倍か？と思うくらいになってて、あれは興奮しました。

「構造」の魅力を教えてもらえますか？

川村　確か東大工学部のご出身ですよね。

中村　高校時代にふとガウディの建築を写真で見て「どうしたら、こんなものを作れるんだ？」と思ったのがきっかけです。芸術とかぜんぜん興味がなかったんですけど。

川村　確かにガウディの建築は、キャッチーさで言うと断トツですよね。

中村　ただ、ガウディはああ見えて実は構造重視の人で、バルセロナのサグラダ・ファミリアに行くと説明コーナーがありますけど、あの形を決めるのにワイヤーみたいなものに重りをつるして、いい感じの懸垂曲線をつなげて作っているんです。それを逆さにつっておいてひっくり返すと、圧縮に対して一番合理的な形になる。そういう話を聞いているうちに、「構造っていいいな」と思うようになったんですよね。

川村　なるほど。

中村　ただ、工学部には入ったものの、あまり真面目に大学に行かなかったので、本命の建築学科には進めなかった。それで、専門は土木工学科に所属して、卒業後は瀬戸大橋とかレインボーブリッジとか、でかくて長いものを作る会社に就職しました。

川村　そこでは具体的にどんな仕事をされたんですか？

中村　橋というのは、まず「どうしたら壊れるか」という事例を知って、そこから逆算して作っていくんです。同時に「突風が吹いたらこの柱はどう動くのか」という構造物の挙動を緻密に見る。

川村　命に関わる緻密な部分ですよね。

中村　そういうことをしているうちに、構造物が絶えず揺れて見えるというか、視界が変わるというか、目の前の現象を見る精度が10倍くらいに上がってくるのが面白くて、ハマってしまって。さまざまな構造が相互作用するとこうなる、といったように物を見る習慣が今のデザインにも結びついています。

川村　ガウディ建築が感覚的なものに見えて実は構造がしっかり組まれているところ

は、橋にもつながるものがあるんですね。
中村 ガウディの建築はマクロで見るとすごく構造的で、それが小さいスケールにいく層にもフラクタル（自己相似）的に繰り返されていて、最後にいろいろな装飾が入っている。その装飾があまりに構造にマッチしてるからそっちに目がいくんですけど、実は全体からディテールへ、同じルールで落とし込んでいる感じがあります。

宮崎アニメの気持ちよさを「計算」で表現すると？

中村 川村さんの専門である映画でも、プログラミングをやりかけたことがあります。宮崎駿監督を筆頭にいろいろな作家のアニメーションを観ていると、最初は速いんだけどだんだんゆっくりになったり、といういくつかのパターンがあるんです。そのパターンごとに全カット、全映画を整理して並べたら、かっこいいんじゃないかと思って。
川村 優秀な映画の作り手はみんな、どんな動きが人の感情を動かすのかということを解析するのに、同じような分析をやっているんじゃないかと思いますね。コマ単位で動きを見るというか。それにしても、中村さんは分析が本当に好きなんですね。

中村　「これをプログラミングして自動化するには、どうしたらいいんだろう」ということを、いつも考えている。要は明晰《めいせき》なアルゴリズムにして定着させたいだけなんです。僕のデザインは背後にまずルールを敷いて、それを定式化して、動かして、面白くするという発想でやっています。

川村　ゲームみたいですね。

中村　はい。型にはめて枠を作る部分と、ユーザーの自由な操作によっていろいろなバリエーションが出る部分の頃合いを作るのが仕事で、自由すぎても焦点に欠けるし、型にはめつつそこからちょっとだけ逸脱するくらいが、ちょうどいいんですよね。

川村　実際にはどういうアプローチで作っていくんですか？

中村　基本はプログラムを作るわけですが、できたものをプレビューして、触って、変えて、また触って…みたいなことをベストな頃合いが来るまで繰り返すんです。作ったものが動いた瞬間ってうれしいんですよ。「思った通りに動いた！」みたいな。

川村　その興奮が文系にはさっぱりわからない（苦笑）。例えば粘土で何かを作るみたいなことならわかるんですけど、数式なわけじゃないですか。

中村　粘土とかって再現性がないじゃないですか。一回作ったら後戻りできないし、爪に詰まるし、油臭くなるし（笑）。

再現性がない「人間の動き」は嫌いですか？

川村　中村さんは本当にアナログ嫌いのデジタル・ラバーなんですね。

中村　字を書くのもイヤですね。手書きで「東京都」って書いたら「都」の偏が左に寄りすぎたと思ったところで、取り返しがつかない。その事実を引き受けないといけないし、フォローしようとすると余計だめになっていくみたいな。だから、年賀状も書かなくなりましたね。

川村　きっとデジタルのタイポグラフィとかが好きなんじゃないですか？

中村　大好きですね（笑）。最初にＭａｃに触れたときに衝撃だったのは、明朝で「あ」と打ってデジタル上で拡大していったとき、どこまでも滑らかだったことです。

川村　紙に拡大コピーしたらガビガビ、みたいなことがないですもんね。

中村　そうなんです。文字が座標と曲線で成り立ってるから、ガビガビしてない（笑）。

川村　やっぱり中村さんにとっては型崩れがない、再現できるものが美しいんですね。

中村　生理的に居心地のいい場所が、そこなんでしょうね。

川村　人間とかはいやにならないですか？　特に女性はムラがある生き物ですよね。

中村　そこはなんとか適応しようとしているんですけど、理詰めで言葉を発したりすると「出た、理系」みたいに口を尖らされたりして（苦笑）。

川村　中村さんは女性の感情の起伏も、アルゴリズム化しようとするんでしょうね。

中村　データとしてキャプチャーできたらいいですけど、なかなかね（笑）。

川村　ただ、中村さんの代表的な作品で、ＮＥＣが環境活動をアピールするために展開していた「ｅｃｏｔｏｎｏｈａ」のサイトには、文系的なストーリーを感じました。参加者がマウスを使ってメッセージを書き込むと文字列から木の葉が生い茂っていくというプログラムで、最後は葉が散っていく。生理的な心地よさもありました。

中村　マウスの動きってなかなか面白くて、完全にロジカルでもないし、完全に揺らぎでもない。だから、たくさんのマウスが動いて木を茂らせていくのが絵としてありかなと思いました。

川村　自分が動かしているように思えるマウスの動きも、実はプログラムで制御されたアルゴリズムの範疇なわけですよね？

中村　そうですね。ある程度スムージングされていて、ダイレクトではないです。

川村　僕らが心地よく受け取れるように、動きを整形されていると。

中村　でも、自分の本当の姿って、そんなに快感じゃないですよね？　鏡の自分とかテレビに映った自分とか。

川村　声とかもいやですよね。

中村　自分の動きって多くの人にとってはさほど気持ちよくないものだと思うんです。だから、ネットの世界も人間の行為をどう抽象化するかみたいなところがある。ツイッターも昔は掲示板が置かれていた時期もありましたけど、最終的に140字以内という断片的なコミュニケーションしかできない方向に落ち着きましたよね。

川村　なぜでしょうか？

中村　それくらいに圧縮した方が心地よくて、フィットするものがあったからだと思います。生《なま》のものを心地よく受け止めるために、抽象化して、整形して、フィルターを作るというのがウェブの主な役割という気がしますね。

仕事をする上での周囲とのベストなバランスとは？

川村　中村さんはウェブから映像まで、いろいろなジャンルの仕事をされてますけど、これからどんなバランスでやっていきたいと思っていますか?

中村　もともと自分のサイトで何かを描いて、外国人に見せたら「クール!」と言われて、「だろ?」みたいなことをニヤニヤしながらやっているのが好きで、その規模が大きくなったらもっと楽しいのかなと思っていろいろやってみましたが、ある程度までいくと「もっと」って感じじゃなくなりました。

川村　「140字以上」が心地よくなくなる瞬間があったんですね。

中村　はい。だから、淡々と作ることに戻りたいなというのはあります。周りにそう言うと「隠居したいの?」と突っ込まれますけど、単純に欲望の種類が違っていて、もうちょっとコアにいきたいというのはありますね。

川村　確かに決定的に世の中が変わるかもしれない仕事は、独りぼっちじゃないと、出てこないかもしれないですね。

中村　それはありますね。いろんな人とやりたいとか、仕事をもっと楽しみたいとか、スタッフと一緒にわっと作るのも好きなんですけど、できれば一人でやりたいというか。そこはせめぎ合いで、一番いいバランスはどこなんだろうと思っています。

川村　そこは僕も近い葛藤があって、映画は200人くらいと作るんですけど、いろいろなジャンルのクリエイターが1本の作品に向き合っていて、アルゴリズム化できないもの同士がぶつかり合っている。結果、自分のイメージに近づくときもあるし、裏切られるときもある。そこが面白いんです。一方で、一人で書く小説は何もかも全部自分で引き受けないといけないから、ひたすら孤独な苦行なんですけど、ときどき自分が自分を超える瞬間みたいなものがある。

中村 キャラクターが憑依《ひょうい》する感じなんですかね？

川村 近いものがあるかもしれないです。自分で書くまで信じていなかったんですが、ある瞬間、キャラクターが勝手にしゃべり出す。自分が知らないことを、自分が書いているキャラクターが教えてくれるようなときがあります。

中村 そういう一番気持ちいい瞬間は、プログラミングにもありますよ。自分が作ったロジックが頭の中で動き出して、一体化して、ハイな感じになるというか。

海外に拡がるクリエイティブって何ですか？

川村 最後にウェブはワールドワイドにアプローチしやすいジャンルだと思うんですが、そこの可能性はどう感じていますか？

中村　「グローバルに拡がるクリエイティブ」みたいなことがよく語られますけど、今さらそこを意識したり、「東京発信」みたいなことに僕はぴんときてないんです。誰が見ても普遍的にいいものを作ろうとしていれば、自ずと東京のムードや日本人の癖みたいなものが出ると思います。それが絞り出てくるまで、一生懸命やるしかない。

川村　そこはとても共感します。

中村　今までの日本のすごい人たちのように、こつこつと閉じた場でやってきた結果として、世界に通用する特色が宿るんじゃないでしょうか。アニメなんかもそうですよね。昔はちっちゃい村で日本の子どもたち相手にやっていたのが世界に認められて、そうしたら急に偉い人が来て「クールジャパン」みたいなことを言い始めて……。

川村　「自分が面白がっていることが、意外と世界の人たちにとっても面白いんじゃないの？」ってところでしか、世界に通用するものは生まれないと僕も思います。

（2014年11月　東京・南青山のｔｈａ ｌｔｄ．にて）

復習

「物語じゃない面白さを必死に編み出そうとして、同じトーンでずっと見ていられる映像やプログラムを作った」。Ｍａｃが並ぶ青山のオフィスで、中村勇吾はスクリーンに映し出されるデジタルアートを背負いながら話し始めた。

「一つのルールがどんなときでも何のエラーもなくずっと動き続けていて『コンピュータは絶対に間違えない』みたいなものは、ずっと見ていても、苦にならない」

そう語る生粋のデジタル・ラバーは、プログラムが生み出す無限再生可能な美しさを、「物語」に対抗する「様相」として、ウェブや映像で表現してきた。

「ウェブならではの見方に合った時間軸で作らないといけないと思って、〝ループもの〟を作り始めた。気持ちのいいヒップホップのループを延々と聴いているみたいな、スルメをずっともぐもぐ嚙んでいるみたいな」

そのものづくりは、授業中になぜかずっと飽きずに見ていられたという「時計」を創造するような作業なのかもしれない。

「これをプログラミングして自動化するには、どうしたらいいんだろうということを、いつも考えている。要は明晰なアルゴリズムにして定着させたいだけ」

楽しいこと、美しいこと、気持ちのよいこと。人間の快感を解析し、数式として再生可能なものとするコンピュータ時代の職人が、次にどんな「時計」を生み出すのか、しばらく目を凝らして見つめていたい。

理系 012　中村勇吾さんの教え

クライマックスの後をどうやり過ごしたらいいんだろうと考え始めると答えが出ないので、物語に対峙するものとして、同じトーンでずっと見ていられる映像やプログラムを意識して作っている。

「これをプログラミングして自動化するには、どうしたらいいんだろう」ということをいつも考えていて、要は明晰なアルゴリズムにして定着させたい。

その上で型にはめて枠を作る部分と、ユーザーの自由な操作によっていろいろなバリエーションが出る部分の頃合いを作る。自由すぎても焦点に欠けるし、型にはめつつそこからちょっとだけ逸脱するくらいが、ちょうどいい。

ネットの世界は人間の行為をいかに抽象化するかみたいなところがあって、生のものを心地よく受け止めるために、整形してフィルターを作るというのがウェブの主な役割。

「グローバルに拡がるクリエイティブ」みたいなことがよく語られるが、今までの日本のすごい人たちのように、こつこつと閉じた場でやってきた結果として、世界に通用する特色が宿るんじゃないか。

理系013

JAXA宇宙飛行士

若田光一

宇宙滞在期間は累計347日。
日本人初のISSコマンダーを務めた
「思いやり」の宇宙飛行士は、
最新の科学技術と向き合いつつ
リーダーシップのあり方を説く。

JAXA宇宙飛行士

若田光一

KOICHI WAKATA

1963年埼玉県生まれ。1987年九州大学工学部航空工学科卒業後、89年に同大学院工学研究科応用力学専攻修士課程を修了し、日本航空に入社。成田整備工場点検整備部、技術部システム技術室にて機体構造技術を担当。92年に宇宙飛行士候補に選ばれ、93年にアメリカ航空宇宙局（NASA）よりミッションスペシャリスト（以下MS）に認定。96年にスペースシャトル・エンデバーに日本人初のMSとして搭乗、その後、2000年の搭乗では国際宇宙ステーション（ISS）の組み立てに参加。09年に日本人として初めてISS長期滞在ミッションを完了し、13年末から14年には第38次／39次の2期にわたって2度目の長期滞在、39次では日本人初のコマンダーを務めた。これまでのミッションを含めた宇宙滞在期間は合計347日8時間33分。

©Kosuke Mae

宇宙にいるときにSF的な体験をしたことはありますか？

川村　『宇宙兄弟』という映画を作ったとき、発射台があるフロリダのNASAでスペースシャトルの打ち上げを見学したり、敷地内で映画の撮影をさせていただきました。でも管制室がある、ここヒューストンのNASAには初めて来たので、とても興奮しています。

若田　『宇宙兄弟』は、みんなが宇宙に夢を感じてくれるような映画でしたね。

川村　ありがとうございます。伝説の宇宙飛行士、バズ・オルドリンさんにも出演してもらって、すごくうれしかったです。

若田　彼はアポロ11号の飛行士で、初めて月を歩いたメンバーの一人ですね。

川村　ちなみに若田さんは『インターステラー』はご覧になりましたか？

若田　公開翌日に家族と観に行きました。

川村　僕はあの映画を観て、いろいろな意味でショックを受けました。もともと宇宙映画が好きで、いち映画人としても「宇宙をいかに描くか」というのは永遠のテーマなのですが、ついに『2001年宇宙の旅』という映画史に残る大傑作に匹敵するSF映画が登場したなと思いました。

若田　あの映画で表現されていた、理論物理学の世界で扱うような可視化が難しいテーマをビジュアルで表現しようとすると、実験での検証すら難しいわけですから、限界があると思います。僕も技術者で工学が専門なので、実験で結果が出ないと信じたくない質《たち》なんですが、以前インタビューをしたハーバード大学の物理学科教授で、理論物理学の専門家であるリサ・ランドールさんが、「人間が暮らす3次元世界は目には見えない5次元世界に組み込まれていて、私たちはその3次元世界の膜のようなものの上に張り付けられているので、そこを飛び出して5次元空間に入っていく方法はない」という理論を話してくださったことがあって。実験で検証することが困難な世界の話なのがとても印象的でしたね。そのときに目で見て把握できるものだけが現実じゃないんだなと思いました。

川村　まさに『インターステラー』では5次元の世界を描いていましたけど、あそこまで極端なものでなくても、SF映画的な体験を宇宙飛行士の方々がする瞬間というのはあるんでしょうか？

若田　僕が初めて宇宙ステーション（以下ISS）の組み立てに参加したのは2000

年でしたが、まだ宇宙飛行士が長期間の滞在を開始する前の段階でした。夜、室内の電気を消して目を閉じると本当に静かだし、寝袋に入って寝ているときも無重力で浮いているからふわふわとして、どこからも接触による圧力を感じないし、周りも暗黒で何一つ見えない。そのときに身体がどこかに吸い込まれていくような、自分が五感で認識できている世界だけが宇宙じゃないと直感的に感じたような気がしましたね。

日本が作った「きぼう」が世界に誇る特徴は？

川村　宇宙空間は誰もが一度は体験してみたい場所ですよね。

若田　確かにISSの生活環境は、重力を常に感じる地球上の環境とは全く違う世界のように思われるかもしれません。ただ、微小重力状態を除けば、実際には旅客機が通常飛行する約30倍の高度の軌道上を約30倍のスピードで飛んでいる感じでしょうか。地球を1周するのに1時間半程度かかり、日の出と日の入りが1日に16回やってくるんですけど、それが定常状態になって慣れてくると、特に不思議な世界ではなくなってきます。

川村　夜明けが1日に16回というのは、想像を絶する世界ですけどね。

若田　ＩＳＳの飛行高度を広大な宇宙の中で相対的に感じてもらうための例えで言うと、地球がＣＤサイズだとすると、ＩＳＳはＣＤの縁からわずか4ミリ程度のところを飛んでいるに過ぎません。我々が体験している宇宙は、地球のゆりかごのすぐ外側の領域でしかないんだと思います。

川村　宇宙はとてつもなく広がっている。

若田　ですから、ＩＳＳにおける日本の宇宙実験棟である「きぼう」や、２０１５年に5号機が打ち上げられた宇宙ステーション補給機「こうのとり」の開発や運用で日本が獲得した技術を活かして、地球低軌道から先の月、小惑星、そして究極的に火星の有人探査でも、日本がより主体的な役割を果たしていけることを期待しています。

川村　ＩＳＳはアメリカ、ロシア、カナダ、ヨーロッパ各国を含め15カ国のモジュールがドッキングした有人宇宙施設ですが、「きぼう」の特徴はどこにありますか？

若田　ロボットアームでエアロックから超小型衛星を放出する技術が注目されています。「きぼう」のロボットアームはＩＳＳのクルーも操縦できますが、ＪＡＸＡの宇宙センターがある茨城県つくばから、遠隔で操縦するのがほとんどです。ＩＳＳから超小型衛星を宇宙に放出する運用を行っているのは、日本の「きぼう」だけなんですよ。

川村　衛星は毎回ロケットで打ち上げていたわけですから、ＩＳＳから放出できるようになったら、ものすごいコストダウンになりますね。

若田　おっしゃる通りで、海外や民間、企業や大学など、いろいろな機関が開発したものを１００機近く（※２０１６年１月末時点で１０５機）放出しています。ちなみに実験面でもライフサイエンスや流体物理、筋ジストロフィーの進行を迎える新しい医薬品などの開発につながるタンパク質の結晶成長実験など、スペースシャトルの時代から日本が辛抱強く進めてきたおかげで、ＩＳＳと「きぼう」の本格的利用の時代に入って、世界をリードする成果が出てきているものがいくつもあります。

日本人初の船長職としてNASAから期待されたのは？

川村　若田さんは２０１４年、日本人として初めて船長職であるコマンダーを務められましたが、ビジネスや政治の世界と違って、ＮＡＳＡで理系トップの才能と向き合うリーダーシップのあり方は、何か違うところがあると感じますか？

若田　理系に限ったリーダーシップというよりは、極限環境の閉鎖空間でチームをまとめていく能力が問われます。宇宙空間は外に出れば高真空で、寒暖の差も250度以上ある過酷な環境です。チームワークやリーダーシップ能力を培う集団行動訓練では、過去の宇宙飛行の教訓だけでなく、20世紀初頭以降の極地探検隊やエベレストなどに登頂したチームの経験も参考にして、極地に踏み入った際にどんなリーダーがどうチームを率いてきたのか…という探検家的集団行動能力の資質も学びました。実験にしても、船外活動にしても、ロボットアームにしても、宇宙船の操縦にしても、技術的な仕事ではありますが、チームとしてミッションを成功させるためには自己管理、リーダーシップと同時にフォロワーシップなどの集団行動能力も重要です。

川村　確かに『アポロ13』『ゼロ・グラビティ』『インターステラー』など、宇宙の映画は「生き残ること」が絶えずテーマになっています。

若田　他にもフロリダ沖のアメリカ海洋気象局の海底研究施設に1週間程度滞在して、月面や火星探査を模擬した船外活動ミッションを行ったり、ワイオミング州の氷点下30度の雪山で日々リーダーを交代しながら10日間のキャンプを張って…という訓練もしましたが、そういう極限環境では人間の本質が出やすい。仲間だけでなく、自分の集団行動における特性も再発見した上で、チーム全体としてミッションを安全かつ確実に遂行する能力、ストレス環境下でリーダーとしてチームをまとめていく能力などを習得し、宇宙飛行に備えます。

川村　多国籍の人間が集う宇宙飛行士の中で若田さんがコマンダーに選ばれたのは、ご自身の中の日本人の特性も作用していると思われますか?

若田　日本には英語で言うハーモニー、「和の心」を大切にする文化があって、そういう小さい頃から自分の中に培われてきた価値観は大切にしたいと思ってきました。ただ、日本人らしさを意識するというより、その方がミッションの成功につながる確信があるからそうしているんです。軌道上のクルーだけでなく、つくばやヒューストン、モスクワなどの各管制局のチームのベクトルが同じ方向を向いて初めていい仕事ができる。それと「きぼう」や「こうのとり」、小惑星探査機「はやぶさ」などに代表されるように、日本が長年築き上げてきた宇宙ミッションでの実績に基づく海外からの強い信頼感も大きかったように感じています。

日本の科学技術は海外に負けていっていますか?

川村　一方、経済や政治の世界では科学技術立国としての日本がアジアをはじめとした他の国々に駆逐されていっている実感もあって、若田さんはＮＡＳＡで感じた日本の技術への評価と、一般の世界のギャップを、どう感じていますか？

若田　日本の技術は世界に冠たるものが本当にたくさんあって、ＩＳＳで使っているカメラもほとんど日本製ですし、私が住むヒューストンの街を走っている車も半分以上は日本車なんじゃないでしょうか。日本のＨ‐ⅡＡやＨ‐ⅡＢロケットの打ち上げ成功率も世界最高水準です。

川村　科学技術の分野で日本人はもっと誇りを持っていいんでしょうか？

若田　もしかしたら、技術的にすごいことをやっている国なのに我々がそれに慣れてしまって、客観的に評価しにくくなっているのかもしれませんが、技術水準を維持し向上させていくために大事なのは、新しいことにチャレンジし続けることだと思います。日本を駆逐する勢いで力をつけてきているアジアの国々は、高い目標に向かって挑み続けている。宇宙開発の分野でいえば、中国は既に有人宇宙船を打ち上げて運用していますし、インドも有人宇宙船を開発中です。

川村　日本も有人宇宙船を打ち上げたいところですね。

若田　科学技術立国として誰もやらない分野に足を踏み入れて、ＩＳＳでも今まで以上に日本が主体的な役割を演じることができる方向に持っていかないといけないと思いますね。宇宙開発は人類が永続していく上で根幹を成す技術分野の一つと言えますが、国家レベルで見てもいきなり大きな技術的飛躍は難しい。一歩一歩、昨日より今日、今日より明日と明確な目標に向けて着実に技術を高めていく努力が不可欠です。

川村　その積み重ねが長い目で見れば大きな差となって出てくるわけですね。

若田　それは個人でも同じことで、仕事に慣れて安定状態になってきたときには新しい課題に挑戦して、あえて自分の置かれた状況を不均衡な状態にして、それを克服するために努力することで成長できるものです。私も宇宙飛行士の試験にパスしてヒューストンに派遣されたとき、英語会話についていけなくてつらい時期もありましたけど、試行錯誤を重ねながら努力している時期ほど、大きく伸びるチャンスだと感じます。

チームに欲しいのはどんな人材ですか？

川村　僕がやっている〝映画プロデューサー〟という仕事は、監督や脚本家、俳優やカメラマンといった組み合わせを作る仕事だったりするのですが、若田さんはコマンダーを経験されたとき、どういう人をチームに欲しいと思われましたか？　例えば優秀なミッションをこなせる人がいいのか、性格にむらがあっても独創性や発想力がある人がいた方がいいのか、瞬発力がある人がいいのか、我慢強い人がいいのか、ムードを作れる明るい人がいるべきなのか…。

若田　1、2週間程度の短期宇宙ミッションのときは短期の海外出張に近い感覚で、生活に不自由があってもけっこう我慢できるんです。でも、1カ月を超えるような長期滞在飛行になると、精神的、生理的なストレスはかなり大きくなります。そういう意味で短期なのか長期なのかによっても答えは変わってきますが、きちんと自分で責任を取れる人がいてほしい。そしてチームのどんな仕事でも取って代われるような能力を持っている人が重宝がられるように思います。

川村　逆に、優れたリーダーというのは、どういう人だと思いますか？

若田　チームの構成要員の能力を高く引き出せるかにかかっていると思います。長期ミッションでは、いかに宇宙飛行士同士や各国の地上管制局との信頼関係を維持するかが肝心です。自分はスムーズに意思疎通ができていたとしても、仲間のクルーが地上とコミュニケーションで問題に直面したようなときに、どう回復させるか。信頼関係は一度失墜すると、なかなか回復が難しいものですから。

人類が火星に行くときに、何が起こるのでしょうか？

川村　NASAは今後、どんなミッションを想定しているんですか？

若田　例えば火星探査はチャレンジングなミッションですが、往復で2年半程度かかることになるので、その間、故障なくきちんと作動するような機器を打ち上げることが重要です。通信装置が太陽や宇宙からの放射線や温度環境にどれだけ耐えられるのかとか、打ち上げ前に開発と試験を繰り返します。

川村　2年半ですか…タフなミッションですね。

若田　そうなんです。2年半もの間、宇宙飛行士が身体の健康を保ち、仕事に対する高い士気と安定した精神心理状態を維持しながら、長期ミッションを確実に遂行できるようにしていくのも大きな課題です。ロボットアームを操縦する能力は訓練できても、心の問題はそうはいかない。とても複雑です。

川村　それこそ『インターステラー』は、人類が地球に住めなくなったとき、新たな居住地としてどの星を目指すか…という切実なテーマを扱った作品でした。

若田　例えば火星は、今後の人類の活動領域の展開を考える上で、まさにマイルストーンです。仮に今、ＩＳＳの「きぼう」で何かの実験をしてるときに技術的なトラブルがあっても、すぐにつくばに通信衛星経由の無線で連絡して「どうしたらいい？」と聞けるんです。でも、火星ミッションとなると、相対的な位置によっても異なりますが、電波による通信に必要な時間が最大20分ほどになるときもあります。

川村　そんなにタイムラグがあるんですね。

若田　そうするとメールか、録画した映像や音声をやりとりするくらいで、普通の会話はできないですよね。クルーは地上管制局に頼ることなく、自分たちで独自に判断を行い、作業を進めていかなければならないケースが多くなる。つまり、地球低軌道から外に行くときは、地上管制局の役割や運用体制もかなり変わってくると思います。そして、何より火星を目指すクルーには、日本の若い宇宙飛行士仲間が入っていてほしいですね。

川村　僕はまず若田さんが行くと思っていたんですが。

若田　私はその頃には定年になってしまいますが、もちろんいつでも火星には行きたいですよ。人間の判断だけでなく、コンピュータによって意思決定ができるツールが盛り込まれるかもしれませんけど、その点では人工知能の開発にも力を入れて、火星ミッションにつなげていってほしいですね。

川村　火星行きは人類が極限状態にさらされる状況になるんでしょうね。

若田　数年前にロシアで「マーズ500」という、火星ミッションを想定した500日間の訓練が、クルーを集めて隔離された模擬宇宙船の中で実施されました。その中では心理的なシミュレーションなども行われていますが、火星有人探査では、地球低軌道を周回するISSミッションとは異なる予期しがたい精神心理的な問題にも直面することになると思います。

成果をどこに求めるべきだと思いますか？

川村　宇宙開発は莫大なお金がかかっているので、どうしても実利的な成果が求められますが、一方でフロンティア・スピリットというか、見たことがないものを見たいという人間の本能的な欲求に訴えかけるということも、意外と説得力があったりするのかな…などと、文系人間の僕は安易に考えてしまうところもあるんですが。

若田　宇宙開発に関してはフロンティア・スピリットを前面に押し出す国もあります

し、経済的な効果、例えば医薬品の製造などにつながる技術をどれだけ獲得できたか、他にも宇宙授業などを通した教育的な効果…といったところに重きを置く国もあります。ただ、ＩＳＳ計画にしても各国が税金で賄っている以上、大事なのはそれぞれの国民が支援する宇宙開発をしていかなければならないということだと思います。

川村　宇宙開発の成果は総合的に判断していかないといけないんですね。

若田　我々の行っている活動をできるだけ多くの方々に正しくお伝えしていく広報活動も重要です。２００９年に3度目の宇宙で初めてＩＳＳに長期滞在をしたときは、軌道上でインターネットを使えませんでしたが、今はアクセスができますし、キューポラで撮った地球の写真をすぐ自分でツイートして、世界中の人とシェアできる。感動をリアルタイムで伝えていくためのツールとして、写真や動画映像のパワーには計り知れないものがあると感じます。

川村　宇宙飛行士が撮った写真は、本当に感動的です。

若田　ジェームズ・キャメロン監督も「宇宙で映画を撮りたい」と長いことおっしゃっていますけど、ぜひ川村さんをはじめ日本の多くのプロの方にも宇宙に行っていただいて、ロマンを感じる作品を作ってもらえるような、そんな時代が来てほしいと思いますね。

気軽に宇宙旅行ができる未来、本当に来ますか？

川村　人類の歴史が開拓のそれだとするなら、そのことで生命を維持できてきたとも思うんですが、グーグルマップなどが出てきて、フロンティア・スピリットを終わらせてしまった印象を受けます。となると、次は宇宙しかないのかなと。しかも、もしも火星に行ける時代になるのであれば、やっぱり自分の目でリアルな体験として見たいです。

若田　高解像度カメラの技術がどんどん進歩しているので、映像の方が実際に肉眼で見るものよりきれいに見えるケースもあると思いますし、宇宙飛行に限らずバーチャルリアリティを通した擬似的体験もさまざまな分野でますますできるようになるでしょう。でも、やはり実際に現場に行ってみて感じ取れること、例えば草木の香り、潮風、体感温度、照りつける太陽の光や寒いところで吐く息といった実体験を通してでしか、人間の感性に訴えてこないものもあると思います。

川村　実際に10年後とか20年後に、僕らは宇宙に気軽に行けるようになるんでしょうか？

若田　私も宇宙観光旅行が身近になってほしいという強い希望を持っています。有人宇宙船に関しては、今、アメリカの民間企業が地球低軌道往還用のものを開発中ですが、民間レベルでの宇宙進出の動きが活発化することで、宇宙に行くことをより身近に感じてもらい、それをビジネスや娯楽などにも活かせる時代はそこまで来ていると思います。そういった事業に日本の民間企業もどんどん取り組んでもらいたいですね。

川村　最後に、これからの時代の宇宙飛行士に必要なものは何だと思いますか？

若田　なかなか難しい質問ですが、宇宙の仕事は、世界各国の政治的な動向から影響を受けたり、スペースシャトルのような大事故によって計画に大きな遅れが出ることもあって、自分が目指していたり思い描いていた方向にキャリアを進めていけないということが、けっこうあります。だから、一番大事なのは宇宙に行くことに情熱を持ち続けることと、忍耐力、そしてさまざまな状況やミッションにも柔軟に対応できるフレキシビリティではないかと思います。

（2015年2月　アメリカ・ヒューストンのNASAにて）

復習

ヒューストンのNASAに入り、宇宙飛行士たちの墓地と、巨大なアポロ時代のロケット格納庫を抜け、人類の英知が集まる場所、NASAの中心部に近づく。アメリカ人とロシア人が主体となるその場所で、アジア人として初めて船長役であるコマンダーを務めた若田光一は笑顔で現れた。「きぼう」「こうのとり」「はやぶさ」、日本の技術はNASAで「信頼」されていると語る。

「ISSで使っているカメラのほとんどは日本製、日本のH-ⅡAやH-ⅡBロケットの打ち上げ成功率は世界最高水準。技術的にすごいことをやっている国なのに、我々がそれに慣れてしまって客観的に評価しにくくなっている」

激務の合間の1時間だった。けれども笑顔を絶やすことなく、丁寧に話してくれた。そのとき、ふと思った。科学技術だけでなく若田光一という存在そのものが「日本の信頼」となっているのだと。混成チームをまとめるためにロシア語を学び、すべての技術を網羅し「どんな仕事でも取って代われる」才能として「和の心」を持ってリーダーシップを発揮する。

別れ際に渡されたブロマイド。そこには「夢、探究心、思いやり」と力強く書かれていた。惹かれたのは「思いやり」という言葉だ。慌ただしい日常の中で忘れてしまっていた言葉だった。理知を極めた世界において「思いやり」でトップを走る日本代表の姿に、これからの日本の戦い方のヒントを得た気がした。

理系013　若田光一さんの教え

地球がCDサイズだとするとISSはCDの縁からわずか4ミリ程度のところを飛んでいて、我々が体験している宇宙は、地球のゆりかごのすぐ外側の領域でしかない。

ISSのコマンダーに必要なのは理系に限ったリーダーシップというより、極限環境の閉鎖空間でチームをまとめていく能力。訓練では20世紀初頭以降の極地探検隊やエベレストなどに登頂したチームの経験も参考にした。

コマンダーに選ばれた理由の一つは個人的な特性だけでなく、「きぼう」や「こうのとり」、小惑星探査機「はやぶさ」などが長年築き上げてきた、宇宙での実績に基づく日本への強い信頼感も大きかったように感じている。

人類が火星を目指すとなると、地上の管制局との電波通信に必要な時間が最大20分になるときもある。そうするとクルーは自分たちで独立して判断を行い、作業を進めていかなければならないケースが多くなり、人工知能も盛り込まれるかもしれない。

宇宙観光旅行が身近になってほしい。バーチャルな体験ではなく、やっぱり行ってみないと人間の感性に訴えてこないものがある。そういう事業に日本の民間企業もどんどん取り組んでもらいたい。

理系014

理論物理学者

村山 斉

物理学と数学が天文学とコラボする
研究機構を率いる理論物理学者は、
暗黒物質や暗黒エネルギーの
正体を探りながら、
宇宙の1兆年先に思いを馳せる。

理論物理学者

村山 斉

HITOSHI MURAYAMA

1964年東京都生まれ。91年東京大学大学院博士課程修了。東北大学助手を経て、93年にアメリカに移住し、95年よりカリフォルニア大バークレー校助教授、2000年には同大学教授。07年より東京大学国際高等研究所 カブリ数物連携宇宙研究機構（Kavli IPMU, Kavli Institute for the Physics and Mathematics of the Universe）の機構長を兼務。著書に『宇宙は何でできているのか』（幻冬舎新書）、『宇宙を創る実験』（編／集英社新書）ほか多数。

©Kosuke Mae

数学者と物理学者は「数式」で会話をする？

川村　村山さんが機構長を務めている「Ｋａｖｌｉ　ＩＰＭＵ」（以下ＩＰＭＵ）について、教えてもらえますか？

村山　日本語での名称は「東京大学国際高等研究所　カブリ数物連携宇宙研究機構」と言います。

川村　カブリというのは？

村山　フレッド・カブリさんといって、ノルウェーで物理を勉強してアメリカに渡り、飛行機や自動車のセンサーで財を成した方なんですが、世界20カ所の研究機関を援助していて、ＩＰＭＵも彼の寄付が大きな助けになっています。日本でカブリさんの名前が付いているのは、ここだけなんですよ。

川村　それは学生も研究者も身が引き締まりますね。

村山　ただ、やっていることは、科学を使いながら子どもが思いつくような素朴な疑問に迫りたいということなんです。例えば「自分たち人間はどこから来て、なぜここにいて、何でできていて、これからどこに行くんだろう」という疑問を突き詰めていくと、やっぱり「宇宙はどうやって始まって、何でできていて、どういう仕組みで動いていて、どんな運命を辿るのか」という問いに行き着くと思うんです。

川村　人間を知るためには、宇宙を知らなくてはいけない。

村山　そのためには物理学者、天文学者、数学者が組まないといけないんですが、日本の一般的な大学だと学科が縦割りになっていて、キャンパスまで離れていたりで、まず会うことがない。

川村　理系の英知が集まっているのに、連携しないのはもったいない。自分のジャンルのよさとか問題は、別ジャンルの人と組んでみないと発見できない気がします。

村山　まさにその通りで、別々でやっていたことを一緒にやる場としてできたのが、この研究機構です。ただ、実際にスタートしてみると物理学者と数学者はまったく言語が違っていて、数学者がしゃべることはあまりに厳密で一つ一つの言葉の定義をちゃんとわかっていないと、物理学者には何が何だかわからない。一方で物理学者のしゃべることは、数学者からしたら厳密じゃないし、いい加減で受け入れられない。

川村　どうやって意思疎通を図るんですか？

村山　「数式」という数学の言葉を使うことで、やっと会話になる。しかも数式は口で言いにくいので、仕方なく黒板に書くと「ああ、そういうことが言いたいのか」「だったらこうなんじゃないか」というふうに話が進む。最近になってやっとお互いの言葉がわかるようになってきたかなという段階です（笑）。

川村　僕からしたら、既に宇宙人の会話です（苦笑）。でも、ひょっとしたら宇宙人と会話をするときも「ワレワレハ〜」とかじゃなくて、数学の方が可能性ありそうですね。英語も意味がないでしょうし。

村山　僕らも数学は宇宙共通だと思っているところがあります。宇宙人に会っても、数学を言葉にすれば通じるだろうと。

川村　やっぱり宇宙人はいるんですか？

村山　いると思います。なぜなら、我々にしても宇宙人だからです。ただ大気がアンモニアの惑星だったら、ぜんぜん違う格好で、違う化学組成をしているでしょうが。

「万物は原子でできている」って嘘だったんですか？

川村　村山さんにお会いするのに、ＩＰＭＵが取り組んでいる研究を予習してきたんですが、「暗黒物質と暗黒エネルギーを探る」というテーマが興味深かったです。

村山　138億年前に超高温の火の玉が爆発するビッグバンによって宇宙が誕生しました。そのとき光と大量の素粒子が誕生し、宇宙の温度が冷えていくことで原子が生まれたわけです。初期の宇宙はわずかなムラがあって、そこに重力がありました。それで素粒子が集まり、周囲の原子が引き寄せられて星や銀河、惑星や生物が形成されていった。

川村　うわ、理科の授業みたいになってきました。

村山　この原子を引き寄せているのが「暗黒物質」、ダークマターともいわれるものです。つまり、暗黒物質がなければ、太陽も地球も人類も生まれなかった。でも誰も正体がわからないし、光を出さないので目に見えません。そういう意味で暗黒物質は「138億年前に生き別れた我々のお母さん」なんですよ。

川村　でも、僕らが教科書で習ったのは「万物は原子でできている」ということで、地球も宇宙も原子で構成されているということだったかと。暗黒物質と暗黒エネルギーでできているなんて、すごいどんでん返しです！

村山　教科書は大嘘だったんです（笑）。ガリレオとかコペルニクスの時代に、天動説が地動説に変わって宗教裁判になったときのどんでん返しに匹敵すると思います。

川村　暗黒物質はどういうプロセスで発見されたんですか？

村山　例えば強い磁石を箱で隠したとして、方位磁針を持って歩くと、箱に近づいたときに針が震えますよね。そうすると「何かがこの箱の中にあるんだな」と気づく。それと同じで、光が飛んでいるときに暗黒物質があると、重力に引っぱられて曲がる。そのことで「そこに何かがある」とわかる。例えば遠くの渦巻き状の銀河を見ると部分的に変にねじ曲がって見えたりして、それこそが暗黒物質の仕業なわけです。

川村　今、どのくらい正体がわかっているんですか？

村山　正直なところ、ほとんどわかってないです。もちろん、最初に仮説を立てて解明していくんですけど、最終的にそうだということがあるかもしれないし、外れということもあるかもしれない。文字通りの暗中模索です。

「暗黒エネルギー」って何ですか？

川村　もう一つの「暗黒エネルギー」というのは、どういうものなんですか？

村山　学校では「すべて重さのある2つの物の間には、互いに引っぱり合う万有引力がある」と習いますよね。それを信じるとすると、宇宙の中にあるものも引っぱり合うわけなので、ビッグバンで宇宙ができたときの勢いもだんだんと引き止められて、膨張がゆっくりになっていくはずなんです。

川村　そうですね。

村山　それなのに、１９９８年になって、宇宙の膨張が加速していることがわかった。それまでは宇宙は膨張しているけれど、そのスピードは次第に減少していると思われていたのに。

川村　もしかしてその膨張の加速に、暗黒エネルギーが関わっているということなんですか？

村山　はい。重力に逆らって膨張を加速させているエネルギーが暗黒エネルギーです。ただ、これがどうも悪いやつなんじゃないかなと踏んでいます。だって、膨張のスピードが無限大になってしまったら、いずれ宇宙がびりびりに引き裂かれてしまう可能性もある。そしてこの暗黒エネルギーは暗黒物質以上に正体がよくわからないんですよ。

川村　第一に物じゃないですしね。

村山　現段階ではいろいろな当たりの付け方があるわけですが、何もないと思っていた空っぽの真空が、実はエネルギーを持っているという説もあります。

数式でも愛の告白はできる？

川村　あまりにも未知なことが多い宇宙研究は、まず仮説を立てるところから始まるわけですね。僕が小説を書くのにも、ちょっと似ているところがあると思います。

村山　どのあたりが似ていますか？

川村　僕は人間がコントロールできないことが3つあると思っています。それは「死とお金と恋愛」なんですが、例えば恋愛感情は人間における暗黒物質なわけです（笑）。だから、恋愛とはこういうものではないかと仮説を立てて、それが正しいかどうか小説を書きながら見つけていこうとしています。

村山　それは面白い。

川村　最近気づいたのは、人間が誰かを求める感情をすべて「恋愛」という単語にあてはめようとすると、どうしても無理が出てくる。今は価値観が複雑な時代になって「あなたと私」の生きている宇宙に隔たりができてしまっている。だから「恋愛」はもう、みんなにとって共有されるものじゃないし、危ういなと思ったりもしています。

村山　確かに愛のかたちというのは多様化していて、単に男性と女性が結婚してずっと一緒に暮らして…という一つのモデルではなくなっていますね。

川村　アメリカでも日本でも3割の夫婦が離婚をする時代ですよね。

村山　僕は1993年にアメリカに移住して、家族もずっとアメリカなんですけど、うちの息子の高校時代の親友は、お母さんが4人もいるんです。もともとレズビアンのカップルに引き取られた子で、そのカップルが別れてそれぞれ新しいパートナーを見つけたので、女性の親が4人いる。

川村　「結婚」という言葉も「恋愛」と同じで、もう危うい。ただ、それでも結局、人と人は言葉を使ってコミュニケーションするしかない。目の前の妻なり恋人に「今から数式で俺の気持ちを書くから」と言ってもしょうがないので、そこが難しいです。

村山　数式でも告白はできるかもしれないけどね（笑）。

言葉で表現できないことを、数学で表現する？

川村　最近、小説の取材でアイスランドに行ってきたんですが、あまりにも壮絶なランドスケープに圧倒されっぱなしでした。人と人はこういう環境では、くっついて一緒に生きていくしかないんだなという気もしました。

村山　自然の脅威を前にしては、一緒にやっていくしかないんだと。

川村　そうです。わかり合えない者同士が一緒にいようと引き合う力は、これも宇宙の引力の一部なのか…（苦笑）。

村山　まさしく、暗黒物質ですね（笑）。

川村　それにしても「暗黒」というネーミングは抜群だと思います。もはや言葉では表現できないことだから、「暗黒」なんでしょうか？

村山　英語で「ダーク」と言うと暗黒という意味になりますが、「アットダーク」と言うと「よくわからなくて困っている」という意味になって、「ダークマター」には「まだ正体不明」という解釈が込められているんです。

川村　日本語で「暗黒」と言うと、ちょっと怖い印象を受けますよね。

村山　邪悪な感じがしますよね。でも、我々のお母さんですから。

川村　そうでした。

村山　川村さんが言葉を危ういと言ったように、物理学者も何かを理解して説明したいと思ったとき、あるところで言葉を失う瞬間があります。ＩＰＭＵ内でのやりとりでも、自分の持っている言葉ではどうしても表現できないから新しい言葉が欲しい。だから共通の言語を学ぶわけですが、それが数学です。数学者が言葉を作る専門家で作家みたいなもの。僕ら物理学者は作家からもらってきた言葉を使って仮説のストーリーを作る。ＩＰＭＵで行っているのは、そういうコラボレーションです。

宇宙には10次元まである？

川村　ところで僕らが宇宙人なら、地球も言ってみれば宇宙なわけで、となると、今この空間にも暗黒物質は…。

村山　あります。ここらへんを、ぴゅんぴゅんと飛んでいるはずです。

川村　暗黒物質は宇宙の何％を占めているんですか？

村山　全体の27％と考えられています。その他に暗黒エネルギーは68％で、普通の原子でできた物質はたった５％です。

川村　ほとんど「暗黒」じゃないですか！

村山　私たちが知っている宇宙はたった５％でしかないということです。でも逆に、そこまでわかってきたのがすごいと思うんです。そもそも原子にしても今なら電子顕微鏡で見ることができるから、あるのが当たり前になっている。でも19世紀の化学者が、見えないにもかかわらず、その存在で身の回りの物質を化学式で説明したというのは、今考えると素晴らしいなと思います。

川村　人間の想像力というのはすごいんですね。

村山　4次元がイメージできる人もいますしね。

川村　そんな人がいるんですね。2次元が平面、3次元が立体、4次元はいったい…。やっぱり数式でイメージするんでしょうか？

村山　いや、直感みたいですね。そういう人は数式を使って何度も訓練して、ずっとそのことを考えていると、だんだん直感として4次元が頭の中でイメージできるようになってくると言います。

川村　4次元の先の世界、多元宇宙というのは、実際に存在するんでしょうか？　もしもあるとしたら、文系にはかなりお手上げ状態なんですが（苦笑）。

村山　超弦理論というのを研究している人たちが、我々の住んでいる空間3次元と時間1次元以外にあと6次元、全部で10次元あると言っているんです。

川村　10次元！

村山　例えばサーカスの綱渡りは横に行ったら落っこちてしまうから、前か後ろにしか行けない。その場合、ある意味で綱渡りは1次元空間に住んでいる。でも、ロープの上にアリがいたとすると、前と後ろ以外、ロープの周りをくるくると回れるので、アリには2次元が見える。それと同じで、我々大きな人間には見えないけれど、小さな素粒子なら、空間のどこに行ってもそこに小さな次元があるのがわかるという説です。

川村　証明はどうやってするんですか？

村山　例えば素粒子の実験は、小さな粒をものすごいエネルギーに加速させてドカンとぶつけるという、宇宙のビッグバンをやり直すようなことをやるわけです。そうすると、ぶつかったときに今まで知っている素粒子とは異なる、違う次元の方向にくるくると回る運動をするかもしれない。実際にはまだ見つかっていませんが。

世紀の大発見をするのはどんなタイプの人ですか？

川村　村山さんは30歳でアメリカに拠点を移して、カリフォルニア大学バークレー校でもずっと教授を務めていて、日本との間を頻繁に行き来されていますけど、アメリカの方が、世紀の大発見をするスターが出てきやすかったりはするんでしょうか？

村山　ＩＰＭＵが目指しているように、物理とか数学とか分野にあまりこだわらないで、違うジャンルでもぽーんと飛んでいって、そこでとんでもない大発見をしてしまう人は、海外の方が多いように思います。

川村　大発見が生まれやすい環境があるんでしょうね。

村山　例えばＤＮＡの二重螺旋《らせん》を発見したのも突然生物に興味を持った物理学者でしたし、新しい素粒子を見つけてノーベル賞を取った人が、恐竜の死滅は隕石が落下したせいだと言い出したり。

川村　ＩＰＭＵでも２０１５年に主任研究員の梶田隆章さんがニュートリノに質量があることを示すニュートリノ振動を発見して、ノーベル物理学賞を受賞されましたね。

村山　梶田さんはまさに大発見をした人です。当時、ほとんどの人が信じなかった現象をこつこつとデータと推論を積み重ねて、最終的に世界中の誰もがぐうの音も出ないところまでやって発表した。

川村　理系の世界もデータだけでなく、推論というストーリーを思いつけるかどうかが大切なんですね。映画の世界でも宮崎駿監督の作り方は、最初は数枚のイメージボードがあるだけなんです。そこから圧倒的にオリジナルな映画が生まれてくる。

村山　我々の世界でもすごい数学者は、定理をちゃんと証明して前に進んでいくというより、勝手な推論を立てて「どうも正しいらしい」と見抜く。その後、長いものは何百年もかけて証明されていく。有名なものだと１９０４年にフランスの数学者のアンリ・ポアンカレによって提言された位相幾何学の大難題「ポアンカレ予想」が、１００年以上経ってようやくロシアの数学者によって証明されました。

宇宙の未来はどうなりますか？

川村　村山さんが予測する宇宙の未来を教えてくださいますか？

村山　さっき「暗黒エネルギーによって宇宙の膨張が加速している」という話をしましたけど、ほとんどの人は加速がずっと続いていくと思っている。宇宙の中身は今、広がるほどに薄まっていきます。銀河も遠くにいってしまうので、いずれ見えなくなって、寂しい宇宙になっていく。

川村　そうなると、地球と太陽との距離はどうなっていくんでしょうか？

村山　加速がどんどん進んでいく宇宙だったとすると、少しずつ距離が離れていって、いずれは太陽自身が引き裂かれてしまうかもしれない。

川村　それは「宇宙がどうあってほしいか」という研究でもあるんでしょうか？

村山　そうかもしれません。なかなか思った通りに答えが出ないですが、僕ははっきりした宇宙の運命、暗黒エネルギーが決める宇宙の1兆年先を知りたい。そのために暗黒物質を重力レンズで観測したり、地下1000メートルに観測機器を置いて宇宙から飛来してきた暗黒物質を検出しようと試みたり、光速近くまで加速した陽子同士を衝突させてビッグバンのような反応をまた起こして、新たに暗黒物質を誕生させようとしたり、さまざまな実験に関わっています。

川村　IPMUの未来については、どんな展望をお持ちですか？

村山　現実的なことを言うと、IPMUには今、世界からトップレベルの物理学、天文学、数学の研究者が集まっていますが、カブリさんの寄付以外で、主な運営を支えている文部科学省からのお金が付くのは2022年までしか約束されていないんです。

川村　シビアなところがあるんですね。

村山　だから僕は中小企業の社長みたいなところがあって、年間約10億円の予算で、従業員が100人いて、貯金はゼロで…という状況に近い。いい人がたくさん集まっていてうれしいんだけど、きちんと養っていけるだろうか、という懸念があります。

川村　きっと「5年後に今の研究がこんな技術に転化できるんです」という話の方が寄付も得やすいんだと想像します。ただ、1兆年先の宇宙の話は僕たちには直接関係ないし、何の役にも立たないかもしれないけれど、圧倒的に面白い。それに決定的なブレイクスルーって、具体的なメリットとは違う次元からしか生まれない気もします。

村山　そう言ってもらえるとうれしいな。変な言い方かもしれないですけど、宇宙が我々に親切ならばブレイクスルーできるだろうし、そうじゃなければ永遠にできないかもしれない。

川村　僕はエンタテインメントの世界の人間だからかもしれませんが、「地球は端っこまで行ったら海に落ちると思っていたのに、実は丸かった！」とわかったとき、いろいろと議論はあったと思いますが、最後は「マジ？」という興奮があったと思うんです。でも、そういう大発見が出てくるから、人間は生きていられるのかなと思っています。だから、村山さんのチームからそういう大発見が出てきて、常識がひっくり返るような体験をさせていただけるのを、楽しみにしています。

村山　まさしくそれを目指しています。頑張ります。

（2015年11月　千葉・柏のIPMUにて）

復習

「先生はいま、論文の計算中ですのでしばしお待ちください」

柏のIPMUに到着したのち、少しの待ち時間があった。数分後に案内された村山斉の研究室の黒板には、一面に数式が書き巡らされていた。まるで宇宙そのもののようだった。

「人間はどこから来て、なぜここにいて、何でできていて、これからどこに行くんだろうという疑問を突き詰めていくと、宇宙はどうやって始まって、何でできていて、どういう仕組みで動いていて、どんな運命を辿るのかという問いに行き着く」

彼は宇宙を知ることで人間を知ろうとしていた。縦割りが多い日本の理系の中で、物理学、数学、天文学の英知を結集させ連携した研究をするIPMUのトップとして世界の最先端を走る。

「暗黒物質」「暗黒エネルギー」「10次元」

次々と繰り広げられる、最新の宇宙の様相は、SF小説を軽くしのぐ物語性に満ちていた。「私たちが知っている宇宙はたった5%でしかない」のだ。

「5年後の未来より、1兆年先の宇宙のことが知りたい」

そう語る村山斉は、いつか世界を驚かす大発見をして、100年後のガリレオ・ガリレイやアインシュタインになっているのか？　黒板に書かれた「宇宙」の前で胸が躍った。

理系014　村山斉さんの教え

宇宙の謎を解明するには、物理学者、天文学者、数学者がいなくちゃいけない。一般的な日本の大学だと学科が縦割りになっていて、キャンパスまで離れていたりでまず会うことがないが、お互い一緒にやってみる場としてできたのがKavli IPMU。

物理学者が何かを理解して説明したいと思ったとき、あるところで言葉を失う瞬間がある。だから外国語を学ぶのだけれど、それが数学。数学者が言葉を作る専門家で作家だとすると、作家からもらった言葉を使って仮説のストーリーを作るのが物理学者。

「地球も宇宙もミクロな原子で構成されている」と書かれていた教科書は大嘘で、実際は暗黒物質と暗黒エネルギーでできていることがわかった。それは天動説が地動説に変わって宗教裁判になったときくらいのどんでん返しに匹敵する。

宇宙において暗黒物質は全体の27%、暗黒エネルギーは68%と考えられていて、普通の原子でできた物質はたった5%。つまり、私たちが現段階で知っている宇宙はたった5%でしかない。

宇宙は暗黒エネルギーによって膨張が加速している。その中身は今、広がるほどに薄まって、どんどん空っぽになっているが、いずれ減速するのか、びりびりに引き裂かれて終わるのか、はっきりした宇宙の運命を知りたい。

理系015

マサチューセッツ工科大学 メディアラボ所長

伊藤穰一

日本人初のMIT メディアラボ所長は、
世界最高峰の天才が集まる
〝理系ジャングル〟のど真ん中で、
理系と文系をミックスするDJとして
サイエンスのデザインを追求する。

マサチューセッツ工科大学 メディアラボ所長

伊藤穰一

JOICHI ITO

1966年京都府生まれ。幼少期をミシガン州で育ち、14歳で帰国。クラブDJ、映画関係の仕事を経て、デジタルガレージなど数々のIT企業を立ち上げてきた起業家にして、ベンチャーキャピタリスト。日本にインターネットを普及させた第一人者でもある。2011年に日本人として初めてMITメディアラボの4代目所長に就任。現在はニューヨーク・タイムズやソニーほか多くの企業の取締役も務める。

©Kosuke Mae

ＭＩＴメディアラボ所長の仕事とは？

川村　伊藤さんは２０１１年に46歳の若さで、理系の最難関であるマサチューセッツ工科大学（以下ＭＩＴ）の研究所、ＭＩＴメディアラボの所長になられていますが、20代の頃からものすごいスピード感でお仕事をされてきたんだろうなと想像します。

伊藤　日本だと若いってことになるんだけど、アメリカだと周りに僕より年上の人はいないですよ。今、うちのラボで一番イケてる教授も26歳で、ラボに入ったのは14歳のときだから、スタートが早いんだよね。

川村　確かに20代でどれだけ走ったかで、その後が決まるように思います。

伊藤　日本の場合は、40代にならないとリスクを取る権限を渡してもらえないから、20代はゆっくりしちゃうんだよね。本当は結婚して家を持つ前にリスクを取らないといけないのに。20代の10年は大事ですよ。

川村　本当にそうですね。まず初めに、ＭＩＴメディアラボがどんなところなのかを、教えてもらえますか？

伊藤　ＭＩＴは、数学や科学の試験の点数がかなり高くないと入れないし、入学後も特に大学は勉強が中心で、あまり研究ができない。一方でメディアラボは試験より今までのポートフォリオを優先しているので、大学や大学院からの学生だけでなく、高校を出ていない研究者でも入れます。あと、お金を集めて研究だけをやっていて、授業はほとんどない。研究が勉強というスタンス。

川村　いい意味で曲者《くせもの》が多そうです（笑）。

伊藤　だから、すごく楽しいよ。間違いなくＭＩＴの中で一番変わった場所だと思う。オペラとか電子工学とか教育とか25個グループがあって、僕はそのグループ一つ一つに、毎年何人採っていいのかを割り当てる。

川村　ＭＩＴでオペラを作っているなんて、アートスクールみたいですね。

伊藤　まさに学位も「Media Arts And Sciences」といって半分は「アート」が入っていて、一応建築学科の下にあるので、デザイナーもいればエンジニアもいる。それに他の一般的な研究所は似たような人が集まっていて仲間意識が強いところが多いけど、うちはけんかもがんがんするし、もうジャングル（笑）。

川村　理系の動物がたくさんいるわけですね。

伊藤　そもそも言われた通りに動く人たちを集めたいとも思っていないしね。それこその川村さんみたいな映画プロデューサーとか建築家の仕事は、それぞれ全く関係のない扱いづらい人たちをどうやってまとめるかって話だよね。

川村　映画の世界でも、才能のある監督やカメラマンほど人の言うことを聞かないし、性格がややこしいっていうのはあります。

伊藤　そうじゃないと面白くならないよね。

スポンサーはどうやったら集まるんですか？

川村　ＭＩＴメディアラボは全部で何人くらいですか？

伊藤　大学院生、大学生、教授、他にリサーチャーやスタッフを入れて全部で７００人程度。ちなみにスポンサーは今86社、予算は70億円くらいかな。特徴的なのはスポンサーには東京大学の先端科学技術研究センターとか普通の大学とかもあって、研究を受託されて、結果は必ず分配する。

川村　スポンサーも多岐にわたるんですね。

伊藤　今は４００くらいのプロジェクトがあって、どこも勝手にやりたいことをやっているけど、さすがにこれだけの規模になると、面白そうなものを見つける確率も高くなる。周りには「あなたたちがやってほしいことをやるのではなく、自分たちですら想像もできないものに対しての答えを作っているプロジェクトが多い」と説明しています。

川村　日本にいる理系の研究者の方々と話すと、みなさん「明快な目的があってビジネスになりそうなものにはお金が付くけど、とりあえずやってみようというものにはお金が付かなくて大変だ」と言います。

伊藤　答えがわかっていたら発見がないのにね。旅をしているときに気がつくみたいなことがほとんどじゃない？

DJ的な仕事の方法とは？

川村　伊藤さんにMITが白羽の矢を立てたのは、何が決め手だったんですか？

伊藤　うちみたいな研究所の所長には普通は学者を引き上げていくんだけど、メディアラボの場合はとにかくジャンルが幅広いので、どの研究にも等しく興味を持てる人じゃないといけない。そういう意味で学者は自分の研究があるのでそっちに偏ってしまいがち。僕は偏りもなければ、自分の研究をやろうという気もないから、必然的に中立になる。あと、企業との話し方をわかっていたのは大きかったんじゃないかな。お互いにラッキーな出会いだったと思う。

川村 お話を聞いていて、僭越ながら、僕の仕事も近いものがあると感じました。映画の中には、文学も音楽もファッションもアートもあって、僕は全部が好きなんです。それらを組み合わせて何が起こるかを映画でやっています。たまにその一つを取り出して、自分で小説を書いてみたりもする。そうすることで、小説の原作を預かって映画にするときの仕組みが両面からわかるかなと思ったんです。

伊藤 僕もたまに学生と一緒に遺伝子を組み換える実験をやったり、彼らが集まるパーティでＤＪもやります。何でも体験しないとわからないからね。

川村 若い頃、本気でＤＪをされていたと聞きました。

伊藤 ＤＪの経験はコミュニティの勉強になったよね。バーテンダーともコミュニケーションをしながら、いかに踊らせて、汗をかかせて、回転させて、お酒を飲ませて、酔っぱらった人たちは帰して…っていうことが音楽だけでできちゃう。

川村 確かにすごいＤＪは、状況判断で選曲して客を乗せていきますよね。

伊藤　大切なのはプランニングじゃない。パーセプション（理解）とアウェアネス（気づき）なんだよね。

MITが目指す理系と文系の融合とは？

川村　僕がこの対談シリーズを始めたのは、日本にいると理系と文系が積極的に交わらないことへの違和感があったからなんです。

伊藤　それはまずいね。

川村　でも、たくさんの理系の方々にお会いすることができて「理系と文系は同じ山を違う道から登っているだけだった」ということに気づきました。人間にとって「幸せとは何か？」「美しいものとは何か？」を、理系はサイエンスやエンジニアリングを通して、文系はストーリーやアートを通して追求している。伊藤さんはＭＩＴという場所でそれを両方追求していてすごいなと思います。

伊藤　うちはずっとサイエンスやエンジニアリングをやってきたけど、そこにデザインやアートに融合させていくことが課題。これからのデザインはサイエンスが入らないとよくならない。言葉を換えると、もう世の中の役に立たないものは作りたくない。今までのものづくりは金儲けのためのデザインだったけど、これからはシステムのデザインになる。デザインが環境や教育や社会にどういう影響を与えるか。結果、世の中全体をどうしたいのかを考えられるのは、サイエンスのデザイナーなんだと思う。

川村　まさに理系と文系が融合した理想形ですね。

伊藤　アーティスティックで見栄えがいいというのも一つのデザインなんだけれど、未来にある種の責任を感じながら新しいテクノロジーを生み出すことを美学として持っていないやつはだめだというのが、うちの研究所では強くあるよね。いかに自然を殺さないで、人間が死なないデザインは何だろうっていう。

川村　人間の存在意義の話にもなってきますね。

伊藤　人間が自然に溶け込まないといけない。そして自然に溶け込んだときに、自然を壊したり、自然に壊されないために、いかに自分たちも自然になっていくか。例えば日本のアニメで『エヴァンゲリオン』とかあるじゃない？　ああいうサイボーグが一番、これから向かっていく生命や世の中の姿に近い。

川村　エヴァンゲリオンはロボットだと思っていたら、元は人間だったたっていう話でしたもんね。

理系と文系はどうやったら混ざり合えますか？

伊藤　流行の人工知能も、そのうち完全にサイボーグになってくる。うちの研究所の学生の間でも「バイオニクス」というカテゴリーで括っているけど、脳に電気回路を入れたり、神経をコンピュータにつないだりってやつが出てきてます。そうなると、あとは遺伝子を作っていじれば、サイボーグが誕生しちゃうわけ。

川村　自分の身体をサイボーグ化していくわけですね。

伊藤　ただ、自然の方がずっと強いから、変なものを作ってもすぐに死んじゃうし、命が長くなるとガンになり、ガンを治すと今度はアルツハイマーになるのと一緒で、自然はとてもバランスされていて、何かをいじると何かが失われるようになっている。それをいじるわけなので、実際は必ずしも世の中がよくなるわけではないのが難しい。

川村　やっぱり自然にはかなわないんですね。

伊藤　今までは自然の力が大きくて、そこからエネルギーを採って経済が伸びたり個人が儲かったりしたんだけど、今そんな感覚で科学技術をやったら、世の中そのものが消えてしまう。だから、そこに美しいテイストとかアートが必要。「不自然なものは気持ち悪い」と僕らが思えなくなったら、一気にだめになっちゃう。

川村　でも、人間の感覚はよくできていて、不調和なものとか不自然なものに対して、基本的には敏感だと思うんですが。

伊藤　テイストのある人はね。今までの科学技術側では鈍感な人がほとんどだった。それこそ理系と文系を分けて暗い部屋で数字だけ見て、自然の中に置かれた自分の状況を忘れてやってきた人たちが多かったよね。

川村　養老孟司さんが「生物として持っている能力を使わないでいると、人間だめになりますよ」と言っていたのを思い出しました。一方で、文系の人間もテクノロジーやサイエンスを無視しすぎていたと思います。

伊藤　確かに数字が嫌いだからジャーナリストになったって人はいっぱいいるよね。

川村　でも、今の伊藤さんの話はとてもジャーナリスティックですし、何かを変えたら何かがおかしくなるから全体を見ようっていうのは、文学や哲学が延々とやってきたことだったりする。やっぱりもう、お互いに向き合わざるを得ないんですね。

伊藤　あんまり分けちゃいけないよね。数学も文学もそれぞれが一つの言語で、言語によって表現できることや考えることが違うだけ。アーティストだけがアーティストなわけじゃないし、物理学者だって芸術家だってこと。

成長できる一番の学び方とは？

川村 伊藤さんはなぜ、今のような考えや仕事に辿り着かれたんでしょうか？ 経歴をさかのぼると、メディアラボの所長になる前に、それこそＤＪをしたり、若い頃は映画を作られたり、インターネットの仕事も創生期からされていますね。

伊藤 結局、興味があるものを一生懸命やるのが好きで、学校の成績のためにやれと言われても、全く腰が上がらない。その代わり、映画に興味を持ってそれを作るとなれば、必要なものは徹夜をしてでも覚える。つまり、僕にとって一番の勉強は新しい仕事。ただ、ある程度やると「もうそれ以上はいいや」ってこともあるけど。

川村 仕組みが見えて、つまらなくなってしまう瞬間ってありますよね。

伊藤 好きだったらそのまま続ければいいんだろうけど、映画のときはハリウッドという小さな街の住人たちとのネットワーキングで9割のエネルギーを取られてしまって、逆にそれをしないとトップになれないってことが見えたときに、そこから先のリターンはないと思った。

川村　実は狭い世界ですもんね。

伊藤　インターネットは僕が高校時代に出てきたんだけど、その頃はまだネットを使っている人がほとんどいなかったから、「日本に住んでいる高校生です」と海外の大学にメールを出すと、だいたいどこの教授も相手をしてくれた。大学に行かなくてもMITの物理学部の学部長が電話で話してくれたりね。そうやって大人のメンターを獲得するのが僕のメインスキルだと気づき始めて、僕は大学を3回も辞めることになった（笑）。

川村　MITのメディアラボの学歴だけを見ない姿勢が、伊藤さんの起用に顕著に表れていますね（笑）。

伊藤　幼稚園もいやで毎日のように逃げ出していたら、「もう来なくていい」と言われたしね。大人になってからは、今度は自分が面白いやつを見つけて、ちょっとアドバイスしたりメンターしたりして。人と会話したり会ったりすることで学ぶのが、僕のスタイルなんです。

川村　実は僕、幼稚園にも保育園にも行ってないんです。親が変わった教育方針で、6歳まで放ったらかしにされて一人で遊んでいたので、自分で体験して勉強するという方法しかなかった。映画をやりながら「小説もやってみよう」と思っていきなり書いてみてしまうのも、やってみないと学べないと思っているからです。体験しながら要点をつかむ能力は、子どもの頃に培われたと感じています。

伊藤 興味が幅広い人は、そうなるよね。

川村 コンプレックスは飽き性なことで、特に趣味とかでは、要点が見えてだいたいの仕組みがわかった瞬間に、興味を失うところがあります。

伊藤 でも、金稼ぎとか、自分の通帳の残高が点数だと思っている人は、そこから頑張るよね。要点がわかったところからが、稼ぎどころじゃない？　だから、飽き性というのはけして怠け者じゃなくて、本当はそっちの方が大変なんだよ。

学びにはストレスが必要？

川村 僕はバックパッカーをいまだにやっているんですが、同じ場所に行かないんです。必ず行ったことがない場所でひどいストレスを感じながら、その場所の要点をつかむことが好きなんですよね。

伊藤　コンフォートゾーンから出ないと、学びが止まるよね。僕の場合は日本とアメリカを行き来していたら、どっちもストレスじゃなくなってしまったので、中近東にも拠点を持ってみたんだけど、そしたら何もかもがわからなくて、すごいストレス（苦笑）。中近東に行くと自分のエゴから何から全部リセットされるんだよ。

川村　自分の価値観がリセットされる環境は大事ですよね。

伊藤　周りからは「君は日本とアメリカのことしかわかっていない変なやつだけど、勉強したいなら教えてあげる」とか言われたりして。会う人の年齢も半分以上は25歳以下でみんな若いから、僕なんか、完全におやじ扱い（苦笑）。

川村　伊藤さんの年齢で「学ぶ」ということを続けていくのは、かなりのバイタリティが必要だと思います。

伊藤　年を取ると自分の頭の中で世の中のモデルができてきちゃうじゃない？　でも、そこで新しいことを覚えると、いろいろなことにつながる。だって、昔より世界の背景やパターンを認識できていて、いろいろな人間も知っているわけだから、「これはあれの役に立つな」とか、勉強したことによる社会的価値を見つけやすくなる。

川村　いくつになっても学べる環境を自ら作り続けることが大事なんですね。

伊藤　今はメディアラボで勉強しなきゃいけないことがたくさんあるから、助かってます。人工知能の勉強がしたいときは週末うちに学生を呼んだり、今日もビットコインのソフトを自分で書こうと思って始めたんだけど「エラーが出たから、誰かわかるやつ教えて」と質問したら、すぐに2人が手を上げて、解決法を教えてくれましたよ。

川村　それって黄金期のハリウッドスタジオみたいですね。若手の技師が撮影とか照明のことを聞いたら、ベテランがすぐに飛んできてくれるっていう。

伊藤　他にも今、いろいろな会社の役員をやらせてもらっているけど、それも勉強になる。ビジネススクールにお金をもらいながら行っているような感じ。

川村　それは本当に贅沢な学び舎ですね。そして伊藤さんの中で「体験してみるのが一番早い」というスタンスは一貫している。

伊藤　体験で学ぶ人と理屈で学ぶ人は全く違う種類の人間で、たぶん川村さんも僕も前者なんだけど、理屈の世界でハッピーに生きている哲学者みたいな人もいるから。

日本が生き残るためには何が必要ですか？

川村　日本で生まれ、アメリカで働き、中近東にも行き…伊藤さんほど世界が立体的に見えている日本人は少ないと思うんですが、日本の未来をどう予見しますか？

伊藤　東京はミシュランスターが一番多い街じゃない？　漫画とかもすごく面白いし、そのあたりの日本人のニュアンスは、世界で一番濃い気がする。たくさんではないけれど、けっこう面白くて変な人がいて、とんがってもいる。

川村　食と文化ですね。

伊藤　ただ、経済とかイノベーション、大学の研究資金のあり方や教育のシステムは、高度成長の時代にいろいろな効率化とお金中心のシステムができちゃって、安定した後も方向修正できないまま来ている。経済的な基盤ができてしまっていて、そこに高齢化と、経済もちょっと重たくなって、政治も動いていない。しかも、移民を入れない。となると、沈んでいくしかないですよね。

川村　なんだか、悲しいですね。

伊藤　僕はなんとなく、日本は文化とかアメニティを売りにして、旅館やレストランの分野でパリみたいな存在になれば、生き残れるんじゃないかなと思う。でも、パリは移民を受け入れているから、そこを変えないと日本はちょっと厳しいかな。

川村　ビジネスでもどんどん世界に負けていっている印象があります。

伊藤　守りすぎた結果、世界的に通用するビジネスが極端に少なくなってしまった。

車とか家電は競争してきたからまだましだけど、これからはそういう企業ですらグローバルで競争できないと本当に危うい。そのためにはオープンになって、多様性を愛さないとだめなんだよね。

理系的な「お金」の考え方とは?

川村　伊藤さんは幼稚園を脱走していた頃からシステムを疑う性格だったわけですけど、ほとんどの人が真面目に幼稚園に行っていたと思うんですよ。

伊藤　「権威を疑って自分で考えろ」という、アメリカの心理学者ティモシー・リアリーの言葉があるんだけど、日本のお利口さんは権威を疑わないところがあって、だからクリエイティビティが発揮できない。日本に住んでいたときはそれがつらかった。

川村　そのつらさはありますよね。

伊藤　先生と生徒、上司と部下の関係もアメリカでは下が上を超えていくパターンがしょっちゅうあるし、伸びてきた下のことを上もちゃんと手放すんだけど、日本は抱え込んだり押さえたりしちゃうでしょ。だから、国際的にならないよね。

川村　今の話はとても納得できるんですが、一方で、この世の中はまだまだ自分が一番大事な人がほとんどで、みんなが伊藤さんのように寛容になっていない以上、なかなか成立しないゲームのような気もするんですが…。

伊藤　僕が最初にメディアラボに来たときも、教授たちはみんな違うゲームをして、違うルールで遊んでいた。そのルールに合わせてなきゃいけないときもあるけど、物理的に彼らの場所を移動させたり、学生の数を増減したり、チューニングができるノブはあって、それをすることでどうなっていくかを見ているところはあるよね。

川村　サンフランシスコのピクサーに遊びに行ったときに、クリエイターが「キューブ」と名付けられた小部屋を好き勝手に飾って、自由に仕事をしてるんです。ただ、いざ作品を作るとなると、ばらばらの個性がぎゅっと収斂《しゅうれん》するんですよね。あれこそアメリカという国の強さだと思いました。

伊藤　そうそう。それ以外のときはみんな、ぐちゃぐちゃなのに。

川村　もともと、日本人もそういう素質を持っていると思うんですが。

伊藤　たぶん、戦後の高度成長のときにお金を中心にビジネスや成功が測られるようになってしまったからだよね。もっと文化的に面白ければいいとか、「別にそんなにお金持ちじゃなくてもいいや」と、生き方の美学が劇的に変わればいいんだと思う。

川村　そういう価値観は少しずつ出てきている気はします。

伊藤　僕もそれは感じていて、今までは金銭的な価値がほとんど社会の原資になっていたのが、ちょっとずつ変わってきているよね。全体的に生活のコストが下がってきていて、お金がなくても何でもできちゃうから。

川村　お金をそんなにたくさん持っていなくてもよくなると。

伊藤　そのうちテロをするにしても、人間を絶滅させるウイルスを作るにしても、お金がかからなくなるかも。そうなったとき悪者にやられないために、高いお金をかけて軍隊を作るより、相手に嫌われないようにすることの方が重要なんだけどね。

川村　僕も調和していかない人間は生き残れないと思います。ただ、日本の場合、システムが効率的にできすぎているせいで、例えばツアー旅行でも「これとあれとそれを見たら終わりです」みたいなことになって、脇道に発見があることを忘れている気がして。最先端のＭＩＴで、みんなが脇道を行くことを許されて、そこで発見をしている環境に、真逆のものを感じます。

伊藤　ただし、学生たちはＭＩＴというブランドに守られているから、変なことをしていても許してもらえる部分もあるんだよ。あと、スポンサーも2、3社だったらいろいろ言われると思うけど、86社もいたら、あまり口を出さないところも大きいよね。

MIT流の強いチームを作るコツとは？

伊藤　ところで面白い話があるんだけど、メディアラボのルーツは日本なんだよ。
川村　どういうことですか？
伊藤　メディアラボは1985年にMITの総長だったジェローム・ウィーズナーと、教授だったニコラス・ネグロポンテによって設立されたんだけど、ジェロームという人はジョン・F・ケネディ大統領時代にサイエンスのアドバイザーをやっていて、ケネディの指示で戦後の日本にも送り込まれて、科学技術を教えてたの。
川村　そうなんですか！
伊藤　だから、1980年代になってメディアラボの立ち上げで日本に来たときにも、当時の教え子がもうメーカーの会長とか社長とかになってて、「恩人であるジェイのためなら何でもやる」ってなって、バーッとお金が集まった。
川村　日本がちょうどバブルの頃ですね。
伊藤　そう。バブルのお金をベースにして、アメリカの会社も巻き込んで、メディアラボという場所ができた。しかも設立当初に揺るぎない遺伝子をバチンと入れて、それが30年間、ずっと変わっていない。

川村　強い遺伝子ですね。

伊藤　自分とは違うものを求めたり、ルールを作らなかったり、反体制的だったり、教授も関係のない専門分野を2つ持ってないとだめだったり、「他の大学や研究所で務まる人じゃなく、他が要らない人しか入れないでくれ」というのがポイントだったり。つまり、それがコミュニティとして生き残るために不可欠だってことをみんなが理解している。当然、変化にも強いよね。

川村　自分が理解できない人はストレスの対象でもあって排除したくなりますけど、本当に面白いことが起こるのって、異分子が入ってきたときなんだと思います。

伊藤　日本はなかなかそういう文化がないよね。潔癖性というか。

川村　いずれにしても一度メディアラボという究極の理系のジャングルに伺わせていただかないと、だめですね。

伊藤　ＤＪパーティにでも来てください（笑）。

（２０１５年12月　東京・虎ノ門の「アンダーズ東京」にて）

復習

世界最高峰の理系大学ＭＩＴ、そのメディアラボ所長に日本人が就任した。

「あんまり分けちゃいけない。数学も文学もそれぞれが一つの言語で、表現できることが違うだけ。物理学者だって芸術家だってこと」

サイエンスやエンジニアリングの天才が集まった「理系のジャングル」の中で、伊藤穰一は「ＤＪ」としてアートやストーリーをそこにマッシュアップしている。理系と文系を融合させ、革新を起こそうとしている。

「今までのものづくりは金儲けのためのデザインだったけど、これからはシステムのデザインになる。世の中をどうしたいのかを考えられるのは、サイエンスのデザイナーなんだと思う」

２年間、理系のトップランナーたちと話す中で、一つ明確に気づいたことがある。理系と文系は「別々の目的」で生きている人間ではない。僕らは「同じ山を違う道から登っている」だけなのだ。人間は何を美しいと思うのか。どうしたら幸せになれるのか。その答えは山の頂上にある。いつかそこで、違う道から登ってきた「理系の友達」と答え合わせができたらと願う。

「年を取ると自分の頭の中で世の中のモデルができてきちゃう。でも、そこで新しいことを覚えると、いろいろなことにつながる」

理系の世界の頂上で「答え合わせ」を始めた伊藤穰一を見て、僕は決心した。まだまだこれからも「理系に学ぶ」ことを。

理系015　伊藤穰一さんの教え

これからのデザインはサイエンスが入らないとよくならない。アーティスティックで見栄えがいいというのも一つのデザインなんだけれど、未来にある種の責任を感じながら新しいテクノロジーを生み出すことを美学として持っていないとだめ。

流行の人工知能も、そのうち完全にサイボーグになってくる。ただ、自然の方がずっと強いしバランスされているから、変なものを作ってもすぐに死んじゃうし、何かをいじると何かが失われるようになっている。

理系と文系をあまり分けちゃいけない。アーティストだけがアーティストじゃないし、物理学者だって芸術家。

日本は文化とかアメニティを売りにして、旅館やレストランの分野でパリみたいな存在になれば、生き残れるかもしれない。でも、パリは移民を受け入れているから、そこを変えないと日本はちょっと厳しい。

コンフォートゾーンから出ないと、学びが止まる。

僕にとって一番の勉強は、新しい仕事。

初出　雑誌「ＵＯＭＯ」（集英社）二〇一四年四月号〜二〇一六年三月号連載
「理系の友達」書籍化にあたり、大幅に加筆・修正しました。

［著者］
川村元気（かわむら・げんき）
1979年横浜生まれ。上智大学文学部新聞学科卒業後、東宝にて『電車男』『告白』『悪人』『モテキ』『おおかみこどもの雨と雪』『寄生獣』『バケモノの子』『バクマン。』などの映画を製作。2010年米The Hollywood Reporter誌の「Next Generation Asia」に選出され、翌11年には優れた映画製作者に贈られる「藤本賞」を史上最年少で受賞。12年には初小説『世界から猫が消えたなら』を発表。同書は本屋大賞へのノミネートを受け、100万部突破の大ベストセラーとなり、佐藤健、宮﨑あおい出演で映画化された。13年には絵本『ティニー ふうせんいぬのものがたり』を発表し、同作はNHKでアニメ化され現在放送中。14年には絵本『ムーム』を発表。同作は『The Dam Keeper』で米アカデミー賞にノミネートされた、Robert Kondo & Dice Tsutsumi監督によりアニメ映画化された。同年、山田洋次・沢木耕太郎・杉本博司・倉本聰・秋元康・宮崎駿・糸井重里・篠山紀信・谷川俊太郎・鈴木敏夫・横尾忠則・坂本龍一ら12人との仕事の対話集『仕事。』が大きな反響を呼ぶ。一方で、BRUTUS誌に連載された小説第2作『億男』を発表。同作は2作連続の本屋大賞ノミネートを受け、ベストセラーとなった。近著にハリウッドの巨匠たちとの空想企画会議を収録した『超企画会議』などがある。

理系に学ぶ。

2016年4月21日　第1刷発行

著　者——川村元気
編集・構成—岡田有加
発行所——ダイヤモンド社
〒150-8409　東京都渋谷区神宮前6-12-17
http://www.diamond.co.jp/
電話／03･5778･7227（編集）　03･5778･7240（販売）
装丁————鈴木成一デザイン室
写真————磯部昭子、太田好治、加藤純平、Hal Kuzuya、前康輔、三浦安間
本文DTP——ダイヤモンド・グラフィック社
校正————東京出版サービスセンター
製作進行——ダイヤモンド・グラフィック社
印刷————勇進印刷（本文）・加藤文明社（カバー）
製本————加藤製本
編集担当——平城好誠

ISBN 978-4-478-06888-5